História do Português Brasileiro

VOLUME I

O PORTUGUÊS BRASILEIRO EM SEU CONTEXTO HISTÓRICO

A publicação teve apoio financeiro da Fundação de Amparo à Pesquisa do Estado de São Paulo – Fapesp (Processo nº 2017/14722-9). As opiniões, hipóteses e conclusões ou recomendações expressas neste material são de responsabilidade dos autores e não necessariamente refletem a visão da Fapesp.

História do Português Brasileiro

Ataliba T. de Castilho
(coordenador geral)

VOLUME I

O PORTUGUÊS BRASILEIRO EM SEU CONTEXTO HISTÓRICO

Ataliba T. de Castilho
(coordenador)

editoracontexto

FAPESP

Montagem de capa e diagramação
Gustavo S. Vilas Boas

Preparação de textos
Lilian Aquino

Revisão
Daniela Marini Iwamoto

Dados Internacionais de Catalogação na Publicação (CIP)

História do português brasileiro : o português brasileiro em
seu contexto histórico / coordenador, Ataliba T. de Castilho. –
São Paulo : Contexto, 2018.
160 p. (História do português brasileiro ; 1)

Bibliografia
ISBN 978-85-520-0053-2

1. Língua portuguesa – Brasil – História
2. Linguística de corpus I. Castilho, Ataliba T. de

18-0834 CDD 469

Andreia de Almeida CRB-8/7889

Índices para catálogo sistemático:
1. Língua portuguesa – Brasil

2018

EDITORA CONTEXTO
Diretor editorial: *Jaime Pinsky*

Rua Dr. José Elias, 520 – Alto da Lapa
05083-030 – São Paulo – SP
PABX: (11) 3832 5838
contexto@editoracontexto.com.br
www.editoracontexto.com.br

SUMÁRIO

APRESENTAÇÃO

Ataliba T. de Castilho

O leitor encontrará nesta série uma apresentação moderna da história do português brasileiro (PB), como resultado de 20 anos de atividades dos pesquisadores afiliados ao Projeto para a História do Português Brasileiro (PHPB). Cerca de cem pesquisadores qualificados prepararam os capítulos dos volumes desta série, alargando consideravelmente os horizontes da Linguística Histórica no Brasil.

Tradicionalmente, os manuais de Linguística Histórica se concentram na Gramática de uma língua natural, de que estudam a mudança fonológica, morfológica e sintática. Alguns deles incluem a formação do Léxico. Esses manuais têm sido denominados "Gramática Histórica".

A opção dos autores desta série foi agregar novos campos de investigação para o conhecimento histórico do português brasileiro. Aqui, além da Gramática, foram considerados também o Discurso (no sentido de diacronia do texto e estudo das tradições discursivas), a Semântica diacrônica e o Léxico Histórico do PB.

Dessa forma, os quatro sistemas que organizam uma língua natural foram aqui investigados: Gramática, Discurso, Léxico e Semântica. Nossos pesquisadores enfrentaram um desafio e tanto!

Lendo os capítulos que compõem esta série, o leitor atento poderá concluir que uma nova geração de linguistas históricos apresenta aqui os resultados de suas pesquisas, tratando de novos temas, concorrendo para um conhecimento mais aprofundado da história do português brasileiro.

Esses temas levantam questões típicas da Romània Nova, entre outras:

(i) Qual é o *terminus a quo* do português brasileiro? Como é o "latim vulgar" do português brasileiro e quais são suas fontes?

(ii) Que materiais escritos recolhidos no *corpus* do projeto revelam traços da variedade vernacular, estritamente falada?

(iii) Como se apresentam nesses materiais as categorias da Gramática, do Léxico, do Discurso e da Semântica do português brasileiro?

As respostas a essas e a muitas outras questões formuladas nesta série aprofundarão nosso conhecimento sobre nossa identidade linguística. Os leitores estão convidados a nos acompanhar nesta "viagem diacrônica" que é, na verdade, um voo sobre a constituição de nossa identidade linguística.

É fácil constatar que temáticas concentradas unicamente nas diferenças entre o português brasileiro e o português europeu (PE) cederam aqui o passo a uma perspectiva mais ampla (e menos "colonizada"), que consiste em desvendar a mente humana, pesquisando um de seus produtos mais espantosos, que é o mistério de uma língua natural. Agregue-se a isso a natural dificuldade de historiar uma língua natural.

É uma felicidade publicar a série *História do Português Brasileiro*, em que é possível encontrar as pegadas desses novos percursos. Os representantes de uma nova geração de linguistas brasileiros comparecem aqui, aguardando que outros linguistas venham a ultrapassá-los, trazendo novos temas, verticalizando o que ora se apresenta, alimentando, enfim, os caminhos da ciência. Vários grupos regionais atuaram no interior desse projeto; para informações sobre o grupo paulista, ver Castilho (2009b).

Por fim, lembre-se que esta série faz do português brasileiro a língua mais investigada na România Nova, do ponto de vista de sua diacronia. Já o tinha sido do ponto de vista sincrônico, basta consultar os sete volumes da *Gramática do Português Falado*, igualmente publicados pela Editora Contexto.

Vejamos agora o que se publica neste volume.

Este volume 1 da série *História do Português Brasileiro* consta de três capítulos e de um "*In memoriam*".

No capítulo "Linguística Histórica e a história do português brasileiro", Ataliba T. de Castilho faz uma revisão dos diferentes momentos da Linguística Histórica, mostrando brevemente como comparatistas, neogramáticos, estruturalistas, funcionalistas, gerativistas e cognitivistas entenderam a mudança linguística. Num segundo momento, o autor apresenta o Projeto para a História do Português Brasileiro (PHPB), nascido na Universidade de São Paulo (USP) em 1997, e rapidamente difundido por 14 estados brasileiros. Mencionam-se as áreas de investigação desse projeto, suas formas de atuação e suas publicações.

No capítulo "Breve retrospectiva do pensamento linguístico-histórico no Brasil", Carlos Alberto Faraco apresenta uma detalhada retrospectiva dos estudos sobre a origem e a história da língua portuguesa, focalizando os temas aí versados: a origem latina da língua portuguesa e da língua castelhana, a tese celtista do cardeal Saraiva e sua refutação e, mais recentemente, as pesquisas de orientação sociolinguística e gerativista, e a necessária volta da Filologia para uma análise mais cuidadosa dos textos históricos.

No capítulo "Páginas de história da terminologia", Olga Coelho e Wellington Santos da Silva reconstituem o processo histórico de desenvolvimento de uma terminologia de referência ao português brasileiro. A reconstrução mapeia os termos preferencialmente adotados e também as formas mais comuns de conceber e tratar o PB em cada época e contexto considerados. Foram examinados gramáticas, dicionários e outros textos lexicográficos do século XVI ao XIX, assim como uma vasta produção dialetológica, filológica e linguística dos séculos XX e XXI. O estudo permitiu observar que surgem formas de nomear o PB apenas no século XIX, estando entre elas "dialeto brasileiro", "luso-brasileiro", "língua brasileira" e "português do Brasil". São muitos os termos em circulação, embora "dialeto brasileiro" prepondere por volta de 1880. No século XX, há um movimento verificável, entre os anos 1940 e 1960, de esvaziamento da discussão do processo de constituição do PB, tal como tinha sido proposto em estudos do final do século XIX e do começo do século XX. O emprego preferencial de "língua portuguesa no Brasil" e "português do Brasil" pela fina flor da Filologia nacional é um dos índices do posicionamento pró-unificação PB/PE. Um segundo movimento, de realização de pesquisas empíricas e cada vez mais verticalizadas, surge a partir dos anos 1970. Do ponto de vista terminológico, despontam sucessivamente, como mais comuns, as expressões "português do Brasil" e "português brasileiro". Além disso, a sigla "PB" aos poucos assume a função de termo autônomo. Se no século XIX há diversos termos e em meados do século XX se dilui a especialização desse vocabulário, nas últimas décadas do século XX, dois rótulos se estabilizam, sugerindo certo consenso em relação ao estatuto do PB.

Encerrando este volume, segue-se uma seção de "*In memoriam*", em que os pesquisadores do PHPB homenageiam Rosa Virgínia de Mattos e Silva, Clélia Cândida Spinardi Jubran e Klebson Oliveira, que tanto contribuíram para este projeto, de cuja companhia fomos privados nos últimos anos.

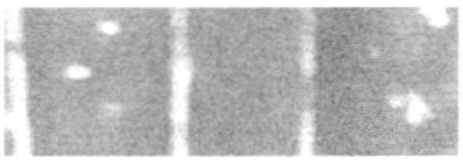

LINGUÍSTICA HISTÓRICA E A HISTÓRIA DO PORTUGUÊS BRASILEIRO

Ataliba T. de Castilho

SUMÁRIO

MOMENTOS DA LINGUÍSTICA HISTÓRICA

A Linguística Histórica compreende vários momentos, ligados às diferentes percepções sobre o fenômeno linguístico: (1) o comparativismo e o método histórico-comparativo, (2) o modelo neogramatical e a centralidade da Fonética, (3) o modelo estruturalista e a centralidade da Fonologia, (4) o modelo gerativista e a centralidade da Sintaxe, (5) o modelo variacionista e a centralidade do uso, (6) o modelo funcionalista e a centralidade do Discurso, (7) a abordagem multissistêmica e a epistemologia dos sistemas complexos.

Percorreremos sumariamente esses momentos nesta secção, para depois aí situar o Projeto para a História do Português Brasileiro.

O Comparativismo e o método histórico-comparativo

Os comparativistas impuseram-se como agenda identificar o passado comum das línguas, ou seja, identificar uma protolíngua, desprovida de documentos escritos por ter sido usada por povos ágrafos.

Para postular a protolíngua, eles compararam as gramáticas das línguas-testemunho, ou seja, das línguas que derivaram de uma protolíngua. Foi assim desenvolvido o método histórico-comparativo, através do qual foi possível configurar o indo-europeu, o latim vulgar e o romance.

No Brasil, a maior figura dessa orientação foi Theodoro Henrique Maurer Jr., que publicou a mais ampla gramática sobre o latim vulgar, seguida de reflexões teóricas (Maurer Jr., 1959, 1962).

O modelo neogramatical e a centralidade da Fonética

Os neogramáticos se concentraram na história das línguas previamente ordenadas em famílias pelos comparatistas. De certa forma, retomaram as atividades da Filologia Clássica, atacada pelos comparativistas, porque resolveram concentrar-se na gramática de uma dessas línguas – o que lhes valeu o apelido de "neogramáticos", que eles incorporaram com bom humor.

A teoria dos neogramáticos foi sistematizada por Herman Paul, num trabalho de 1880, reformulado na edição de 1920. Seu livro transformou-se num dos clássicos da Linguística (Paul, 1970 [1880/1920]). Essa teoria assenta nos seguintes princípios:

(1) O historiador de uma língua natural tem como tarefa de base acompanhar as diversas fases ou diversos estados da língua, entendida como um "*organismo psíquico*", ou cognitivo, como diríamos hoje. Esse organismo é uma sorte de gramática internalizada, e dela decorrem os enunciados; tais enunciados são elementos relacionados uns com os outros.

(2) As relações linguísticas são perceptíveis na fala individual, o que permite lançar uma ponte entre a pesquisa linguística e a pesquisa psicológica. Mas é necessário relacionar os usos individuais com os usos coletivos, para melhor entender o mecanismo da mudança linguística. O uso coletivo não passa de um artefato do linguista: (i) não há limites entre usos coletivos, que serão idealmente concebidos como uma soma de usos individuais; (ii) a única realidade disponível é o uso individual, e é nesse nível de consideração que as mudanças são desencadeadas, sobretudo quando usos são acrescentados ou subtraídos ao uso coletivo; (iii) dois mecanismos causam as mudanças no uso individual: a) a mudança espontânea, explicável pelas tensões sintagmáticas, isto é, pela acomodação de um som ao que lhe está contíguo na cadeia da fala; b) as adaptações da fala individual a outra fala individual, o que pressupõe o intercurso verbal como um momento importante na mudança.

(3) O momento decisivo da mudança linguística está, portanto, localizado no uso individual. Herman Paul afirma que tal mudança se dá por meio de "*passos infinitesimais*", um dos quais é o princípio do "*maior conforto* [articulatório]", expressão que se tornou conhecida entre nós como "lei do menor esforço", acaso uma versão infeliz da denominação original. Sendo foneticamente gradual, a mudança "*avança por uma implementação imperceptível, mas lexicalmente abrupta, afetando simultaneamente todas as palavras relevantes*", na leitura de Labov (1981: 73). Críticos dos neogramáticos, conhecidos como difusionistas, aduziriam evidências contrárias a esta posição (Oliveira, 1991).

Há duas decorrências deste princípio, as quais foram sendo fixadas ao longo da Linguística Histórica portuguesa de inspiração neogramatical: (i) como as mudanças fonéticas se fundamentam na produção fisiológica dos sons, elas têm certa universalidade e espontaneidade. Mesmo em línguas muito diversas entre si podemos encontrar o mesmo tipo de mudança, dado que tudo seria uma questão de acomodações entre sons contíguos, produzidos por um "aparelho fonador" em si mesmo idêntico; (ii) as mudanças fonéticas, por isso mesmo, não admitem exceções, e os casos de irregularidade decorrem de empréstimos linguísticos, ou de analogias. Como reconheciam Brugman-Osthoff (1878), apud Paul (1970: 59), "*cada mudança fônica, visto que ocorre mecanicamente, tem lugar de acordo com leis que não admitem exceção*". As irregularidades teriam de ser explicadas de outro modo. Este é o caso do Adv de afirmação *sim*. Derivado do lat. *sic*, as regras de mudança fonética levariam a *si*, que de fato existiu no port. arcaico. A nasalidade da forma moderna *sim* aponta para um tratamento irregular, explicável pela analogia com *non* > *não*, visto que uma afirmação tira seu estatuto de uma oposição à negação.

(4) A mudança não tem um ritmo permanente, e conforma-se à estabilidade maior ou menor dos usos individuais. Historiadores das ideias linguísticas veem nisto uma evidência de que Herman Paul admitia o acaso como um fator de mudança. De todo modo, o curso de uma mudança passa pela difusão de um novo hábito de uma minoria para uma maioria, o que levanta a questão das mudanças intra e intergeracionais, que viria a ser tematizada pela Teoria da Variação e Mudança. Paul quer com isso dizer que um "fato novo" pode ser melhor identificado pelo adulto do que pela criança, mais suscetível de captar e executar as tendências à mudança, identificáveis em sua "gramática implícita".

(5) Somente os fatores fonéticos podem condicionar a mudança. Isso quer dizer que os neogramáticos aparentemente não incluíam em sua argumentação fatores de caráter morfológico ou sintático. Os fatores fonéticos podem ser sistematizados em termos de assimilação, dissimilação, permuta, adição, apagamento, transposição e outros. No caso do apagamento de sons, a perda das consoantes travadoras de sílaba teve consequências morfológicas importantes no sistema do português, quando essas consoantes funcionam como morfemas, como o caso de {s} marcador de plural.

As afirmações dos neogramáticos deram origem às gramáticas históricas, que organizaram os fenômenos fonéticos, morfológicos e, mais raramente, sintáticos, impulsionando este momento da Linguística Histórica portuguesa: Pereira (1933 [1916]), Nunes (1945 [1919]), Leite de Vasconcelos

(1988 [1911/1926]), Hüber (1986 [1933]), Lima Coutinho (1958 [1938]), Silva Neto (1952-1957). No campo da Romanística, Maurer Jr. (1959).

Essas ideias voltaram a ser discutidas nos últimos anos, com refutações muito fortes, criando-se a chamada "controvérsia neogramatical", que parece resumir-se nisto: o que realmente muda, o som ou a palavra? Sobre isto, ver Labov (1981, 1994).

Nos anos 1950-1960, a Linguística Histórica ocupava o centro da estrutura curricular de Letras. Toda uma geração de linguistas brasileiros foi formada nesse modelo.

O modelo estruturalista e a centralidade da Fonologia

O Estruturalismo se constitui numa "família teórica" que tem em comum postular a língua como um sistema constituído por subsistemas hierarquicamente dispostos, de tal sorte que alterações num subsistema repercutem nos demais. Os subsistemas são organizados por diferentes unidades, formalmente designadas por termos técnicos terminados em *-ema*.

Os maiores esforços desse modelo se concentraram na descrição linguística. Em sua atuação historicista, os estruturalistas concentraram na Fonologia o motor da mudança linguística. Segundo eles, alterações fonológicas se irradiam para a Morfologia, e daqui para a Sintaxe.

Martinet (1955) estipulou três processos de mudança fonológica:

(1) Fonologização: é o surgimento de um fonema novo, a partir da criação de um traço pertinente inexistente no estágio linguístico anterior. Assim, no quadro das vogais latino-vulgares, não se estabeleciam dois graus na abertura da vogal média. O português criou o traço pertinente /média aberta/ *vs.* /média fechada/, surgindo assim a distinção entre */ɛ/* e */ó/* abertos. Analogamente, o latim não tinha o traço /palatal/ em seu quadro de consoantes. O português, e outras línguas românicas, criaram esse traço, enriquecendo-se o quadro respectivo, em nosso caso, com os fonemas palatais */š/, /ž/, /ñ/, /λ/*. Vogais médias abertas e consoantes palatais são casos de fonologização.

(2) Transfonologização: é o surgimento de um fonema novo, mediante o aproveitamento de um traço pertinente já existente no sistema. A extensão do traço /sonoro/ deu surgimento, no português, aos fone-

mas consonantais */v/ e /z/*. A transfonologização promove o equilíbrio do sistema fonológico, preenchendo as "casas vazias" deixadas pelo não aproveitamento integral de um traço pertinente.

(3) Desfonologização: é a perda de um traço, e consequente desaparecimento de fonemas. O português perdeu o traço de quantidade, por isso não temos vogais nem consoantes longas com valor fonológico, que desempenhavam um papel importante no sistema fonológico latino-vulgar.

Sobre Fonologia Diacrônica estruturalista da língua portuguesa, ver Borba (1972-1973), Castilho (1978), Câmara Jr. (1979), Zággari (1988), Mattos e Silva (1991, 1993, 2008a, v. II).

Adaptando o esquema de Martinet à Morfologia Diacrônica, pode-se afirmar que na passagem do latim vulgar para o português houve casos de

(1) Morfologização: criação (i) de fonemas e dos morfonemas, (ii) dos tempos compostos e das perífrases verbais, (iii) do futuro do presente e do pretérito.

(2) Desmorfologização: desaparecimento (i) dos casos nos substantivos, (ii) do futuro imperfeito do indicativo, (iii) do imperfeito do subjuntivo, (iv) dos particípios presente e futuro, e (v) dos morfemas de grau dos adjetivos.

(3) Transmorfologização: recategorização de formas compostas da passiva perifrástica, em que *amatus sum*, "fui amado", por exemplo, foi reinterpretada como "sou amado".

Sobre Morfologia Diacrônica estruturalista da língua portuguesa, ver Naro (1973), Câmara Jr. (1979), Maia (1986), Mattos e Silva (1991, 1993, 2008a).

Na mesma linha do raciocínio estruturalista, as alterações morfológicas implicariam alterações sintáticas. Assim, a perda das consoantes travadoras de sílabas, tanto quanto dos casos na morfologia nominal, desencadearam (i) a expansão do uso das preposições, e (ii) certo enrijecimento da ordem de figuração dos constituintes sentenciais, tornando-se o português progressivamente uma língua configuracional. Há, também, a perda do sistema de casos, muito visível nas alterações dos pronomes, com consequências na expressão das categorias funcionais de sujeito e de objeto direto: ver nesta série os volumes 3 e 4.

As alterações já mencionadas na morfologia verbal, tais como o desaparecimento do particípio presente e sua substituição pelo gerúndio, o declínio no uso dessa forma e do infinitivo, ocasionaram uma utilização mais frequente das conjunções, no caso das sentenças conjuncionais.

Sobre a Sintaxe Diacrônica estruturalista da língua portuguesa, ver Silva Dias (1954 [1881/1918]), Brandão (1963), Mattos e Silva (1989, 1993, 2008a, vol. II). No Brasil, a figura de maior destaque nessa área foi Joaquim Mattoso Câmara Jr. (1979).

O modelo gerativista e a centralidade da Sintaxe

Aparentemente, a primeira questão de alcance diacrônico que chamou a atenção dos gerativistas foi a da aquisição da linguagem: por que a gramática do falante adulto, um sistema tão complexo, é tão rapidamente adquirido, se durante a fase de aprendizado a criança recebe estímulos tão escassos?

Chomsky (1986) começa por retomar o chamado "paradoxo de Platão". Tratando da aquisição do conhecimento, e contrastando o conhecimento sofisticado do mundo com o contato precário que temos com esse mesmo mundo, Platão argumentava que o conhecimento é recordado de existências anteriores. Estímulos recebidos na existência atual despertam o conhecimento assim adquirido que, portanto, preexiste ao indivíduo. Chomsky traduziu esse conhecimento em termos do nosso aparato genético, postulando que a faculdade necessária à aquisição de uma língua tem um caráter inato, e está, por assim dizer, inscrito no código genético humano. Esse raciocínio levou-o a distinguir a Língua I, internalizada, da Língua E, externalizada, à qual as crianças estão expostas.

A Teoria dos Princípios e Parâmetros, desenvolvida a partir de Chomsky (1981), explora esta perspectiva (Mioto, Silva e Lopes, 2005 [1999]). Assim, na Gramática Universal há um conjunto de princípios, que são invariantes, e um conjunto de parâmetros, que podem apresentar valores/marcações diferentes entre as línguas. Os parâmetros são sempre binários, e o falante faz a escolha de um deles ao ser exposto aos dados da Língua E.

Adquirir uma língua é fixar os valores dos parâmetros, movimentando um leque de opções. A mudança sintática é uma questão de mudança na fixação do valor de um ou mais parâmetros, ou seja, uma geração de falantes passa a fixar um valor diferente do fixado pela geração anterior. Os falantes aprendizes de latim selecionaram o parâmetro objeto-verbo, ao passo que os falantes aprendizes das línguas românicas, como o português, selecionaram verbo-objeto. Deve-se destacar o fato de que nem todos os parâmetros estão sujeitos a mudança de seleção. Ainda não se conseguiu explicar por que certos parâmetros são mais sujeitos à mudança que outros.

As possibilidades abertas pela Teoria dos Princípios e Parâmetros foram bastante exploradas no estudo do PB. Desse programa resultou uma nova geração de linguistas historicistas brasileiros. As figuras centrais aqui foram Mary Kato e Fernando Tarallo, que formaram muitos especialistas.

Sobre a Sintaxe Gerativista Diacrônica do PB, ver Kato e Ramos (1999), Kato e Negrão (2000); Mioto, Silva e Lopes (2005 [1999]). Para alguns resultados obtidos, v. Roberts e Kato (2018 [1993]), Castilho et al. (2007). Sobre a atuação desse modelo no PHPB, ver volume 6, "Introdução".

O modelo variacionista e a centralidade do uso

Sapir (1954 [1921]) afirmava que o fenômeno da variação linguística acarreta o da mudança: se há duas ou mais formas em competição, uma delas acabará por vencer a outra, e a língua mudará. Essa ideia foi elaborada por William Labov, que a denominou Teoria da Variação e Mudança. Seu objetivo maior é apanhar a mudança "em seu pleno voo", por assim dizer, distanciando este modelo dos demais modelos historicistas.

No texto fundacional dessa teoria, Weinreich, Labov e Herzog (2006 [1975]) começam por destacar as inconveniências do ponto de vista estruturalista e gerativista sobre a mudança. Uma e outra teoria postulam que a língua é homogênea, e praticada por um falante ideal, o que vai complicar seriamente as coisas tanto no plano sincrônico da descrição linguística, quanto no plano diacrônico de interpretação de sua mudança. Fixando a atenção neste último aspecto, esses linguistas argumentam que

> [...] quanto mais os linguistas se impressionarem com a existência da estrutura da língua, quanto mais apoiarem esta observação em argumentos dedutivos a respeito das vantagens funcionais da estrutura, tanto mais misteriosa se tornará a transição de um estágio para outro dessa mesma língua.

> Afinal de contas, se uma língua tem de ser estruturada para funcionar eficientemente, como as pessoas continuarão a falar enquanto a língua muda, isto é, enquanto ela passa por períodos de uma sistematicidade atenuada? (Weinreich, Labov e Herzog, 2006 [1975]: 100).

Para dar resposta a estas e a outras questões, esses sociolinguistas formularam a Teoria da Variação e Mudança, na qual eles propõem "*quebrar a identificação entre estruturação e homogeneidade*", e ir ao encalço da competência linguística dos falantes, a qual está ancorada numa heterogeneidade sistematizada, visto que a "*ausência da heterogeneidade estruturada seria disfuncional*". A ancoragem da mudança nos usos da linguagem trouxe vários sociolinguistas labovianos para o campo do Funcionalismo, enquanto outros perfilharam a Teoria Gerativista.

Os seguintes argumentos compõem a Teoria Variacionista da mudança:

(1) Reconhece-se a existência de princípios restritivos que governam a mudança de determinada estrutura. Há uma covariação entre esses princípios e variações individuais, as quais devem ser definidas (Weinreich, Labov e Herzog, 2006 [1975]: 101 e 170).

(2) A mudança das estruturas põe o problema da transição, isto é, há estágios intermediários nessa mudança, os quais podem ser empiricamente observados e controlados, visto que "*uma mudança linguística pode ocorrer numa gradação discreta*" (Weinreich, Labov e Herzog, 2006 [1975]: 170).

(3) Três questões resultam daqui: (i) Questão do encaixamento: como as mudanças se encaixam "*na matriz dos concomitantes linguísticos e extralinguísticos das formas em questão?*", isto é, por quais setores da estrutura linguística a mudança tem começo, e que segmentos da sociedade a incorporam primeiramente? (ii) Questão da avaliação: como as mudanças são avaliadas em termos de seu impacto sobre a estrutura linguística e sobre a eficiência comunicativa? (Weinreich, Labov e Herzog, 2006 [1975]: 101 e 181). A avaliação pode acelerar ou bloquear uma mudança, segundo ela seja ou não aceita pelas classes sociais de mais prestígio. (iii) Questão da implementação: que fatores favorecem a mudança? Por que certas línguas dotadas do mesmo traço estrutural não passam pela mesma mudança?

(4) Um dos aspectos mais notáveis da Teoria da Variação e Mudança, já mencionados, é o fato de que podemos observar a mudança linguística no tempo real. A teoria distingue tempo aparente de tempo real.

A respeito da mudança no tempo real, Naro e Scherre (2007: 82) dão o seguinte exemplo:

> [...] o estado atual da língua de um falante adulto reflete o estado da língua adquirida quando o falante tinha aproximadamente quinze anos de idade. Assim sendo, a fala de uma pessoa com sessenta hoje representa a língua de quarenta anos atrás, enquanto outra pessoa com quarenta anos hoje revela a língua de há apenas vinte e cinco anos.

Esse mesmo autor agrega que nem todas as variáveis são sujeitas à mudança. Há na língua setores mais estáveis e setores mais instáveis, mais sujeitos ao fenômeno da variação (Naro e Scherre, 2007: 84).

Sobre a Teoria da Variação e Mudança e o PHPB, ver "Introdução" ao volume 3, primeira seção.

O modelo funcionalista e a centralidade do Discurso e da Semântica

Com algumas alterações em relação à teoria anterior, o modelo funcionalista divide-se em várias tendências, de que vão nos interessar aqui apenas três: (i) conversação e mudança; (ii) teoria da gramaticalização e mudança; (iii) Semântica e mudança.

As tendências funcionalistas têm em comum eleger o Discurso e a Semântica como componentes centrais das línguas naturais. Desiste-se das postulações aprioristas, buscando-se identificar os processos que se escondem por trás das estruturas gramaticais. No lugar disso, presta-se mais atenção ao modo como essas estruturas se gramaticalizam, postulando que elas representam as categorias sociais e cognitivas.

Alguns antecedentes constituíram a "Linguística da Enunciação", os quais levaram à eclosão do Funcionalismo, tal como o conhecemos no período posterior aos anos 1970: (i) as ideias de Charles Bally sobre uma Linguística da "*parole*", (ii) as de Dwight Bolinger sobre as relações entre significado e forma, (iii) os ensaios de Émile Benveniste sobre os pronomes e sobre o aparelho formal da enunciação e (IV) as pesquisas sobre as funções linguísticas de Karl Bühler, Roman Jakobson e outros.

Segundo o Funcionalismo, as estruturas linguísticas não são objetos autônomos, podendo ser descritas e interpretadas a partir das seguintes propriedades:

(1) as estruturas são flexíveis e permeáveis às pressões do uso, combinando-se a estabilidade dos padrões morfossintáticos cristalizados com as estruturas emergentes;
(2) as estruturas não são totalmente arbitrárias;
(3) as estruturas são dinâmicas e sujeitas a reelaborações constantes, através do processo da gramaticalização.

A correlação assimétrica entre funções e estruturas explica a heterogeneidade natural das línguas, fenômeno que tem sido considerado nos programas de pesquisa denominados "gramáticas em convivência", "motivações em competição", entre outros. Como decorrência disso, certos estudos funcionalistas privilegiam o estudo empírico de uma dada língua, indo dos usos para as estruturas, na pressuposição de que a forma da língua é determinada por seu uso. Muitas das estruturas, tradicionalmente vistas como arbitrárias, tiveram resgatada sua motivação discursiva. Isso não quer dizer que não se reconheça que estruturas muito cristalizadas de fato "se descolaram" de sua motivação discursiva, no estágio máximo de sua gramaticalização, propriedade que precede seu desaparecimento.

CONVERSAÇÃO E MUDANÇA LINGUÍSTICA

No quadro das teorias funcionalistas da mudança, hipotetizei que o momento crucial da mudança ocorre nos atos conversacionais, levando em conta as características sociolinguísticas do falante e do ouvinte.

Quanto mais heterogênea é a comunidade, maior o distanciamento sociolinguístico entre falante e ouvinte, obrigando-os a um forte investimento nas estratégias conversacionais – e a língua acelera sua mudança.

Inversamente, quanto mais homogênea é a comunidade, maior a aproximação sociolinguística entre os interlocutores e menor será esse investimento – e a língua diminui seu ritmo de mudança (Castilho, 1999-2000/2001).

Por outras palavras, a heterogeneidade social acarreta o inovadorismo, ao passo que a homogeneidade acarreta o conservadorismo linguístico. O exame da estrutura sociolinguística brasileira a partir desses parâmetros poderá mostrar por que tivemos momentos de aceleração ou de ralentamento na mudança do PB.

TEORIA DA GRAMATICALIZAÇÃO

A gramaticalização é o conjunto das alterações sofridas por um item lexical, ao longo das quais ele passa por modificações em suas propriedades fonológicas, morfológicas, sintáticas e semânticas; deixa de ser uma forma livre, estágio em que pode até mesmo desaparecer, como consequência de uma cristalização extrema. Esse trajeto se dá tanto no tempo real quanto no tempo aparente.

É importante destacar que na gramaticalização um domínio cognitivo fonte fundamenta o estágio A, que se altera para o estágio B, igualmente motivado por um domínio cognitivo alvo. A pesquisa mais recente vem incluindo na agenda desta teoria a identificação dos gatilhos cognitivista e pragmático da gramaticalização.

Antoine Meillet foi o primeiro linguista a estudar o processo da gramaticalização. Ele propôs inicialmente a existência de três classes de palavras, as *palavras principais*, as *palavras acessórias* e as *palavras gramaticais*, indicando que entre elas há uma transição gradual. A esse processo de transição ele chamou *gramaticalização*, entendida como a "*atribuição de um caráter gramatical a um termo outrora autônomo*" (Meillet, 1912: 131).

Essa transição implica o esvaimento tanto do sentido quanto da forma, de tal sorte que em dado momento uma palavra acessória se transforma numa palavra gramatical, podendo mesmo juntar-se a uma palavra principal para atribuir a esta um papel gramatical de que ela não dispunha antes.

Para exemplificar o processo, ele chama a atenção para os usos do verbo francês *être* como palavra principal (= verbo locativo, como em *Je suis là,* "eu estou aqui"), como palavra acessória (= verbo de ligação, como em *Il est bon,* "ele é bom") e como palavra gramatical (= verbo auxiliar, como em *Il est arrivé,* "ele chegou").

A partir do final dos anos 1990, surgiram no Brasil diversos estudos sobre gramaticalização. Esses estudos percorreram pelo menos três fases, em que se caminha (1) maiormente do Léxico para a Gramática, visto que a gramaticalização é basicamente uma recategorização lexical, (2) do Discurso para a Gramática, (3) da Semântica para a Gramática. Destaco que esses momentos da reflexão se desenvolveram quase que simultaneamente, e nem sempre são separáveis. Para um detalhamento crítico dos argumentos aí apresentados, ver Castilho (1997, 2002, 2010). Sobre a Teoria da Gramaticalização e o PHPB, ver "Introdução" ao volume 5, segunda seção.

SEMÂNTICA DIACRÔNICA

A Semântica Diacrônica tem sido pouco versada. Ainda não dispomos de um programa compartilhado para seu estudo.

Tem-se manifestado preferência por esses estudos no campo da Semântica Lexical, sobretudo por lexicólogos e dicionaristas. Vejamos uma amostra do que se tem escrito sobre isso.

Ullman (1973 [1962]: 409-438) identificou as seguintes causas da mudança semântica:

(1) Causas linguísticas: palavras usadas frequentemente numa sequência trocam propriedades, por metonímia; *galgo* designa hoje uma raça de cão, mas a palavra indicava a origem desse cão, em *canis gallicus* "cão da Gália".
(2) Causas históricas: o significado das palavras não acompanha a rapidez das mudanças tecnológicas; empregamos hoje a palavra *carro*, derivada de *carrus*, que era um veículo de tração animal.
(3) Causas sociais: o pronome de tratamento *você*, hoje informal, deriva de *Vossa Mercê*, tratamento dado aos reis.
(4) Causas psicológicas: palavras-tabu são substituídas por outras; a *doninha* era um animal-tabu, por isso em várias línguas a palavra foi substituída por *senhorinha*. Guérios (1979 [1956]) estudou este fenômeno na língua portuguesa.

O mesmo Ullmann (1973 [1962]: 205) dá um interessante exemplo de dessemanticização, sempre lembrado pelos romanistas: no latim, *testa* significava "panela, vaso", donde port. *testa* "parte da frente da cabeça", metaforicamente associada a um objeto redondo como o vaso. Em outras línguas românicas, essa forma passou a ser entendida como a cabeça mesma, como fr. *tête*, it. *testa.* Outro exemplo semelhante é a palavra *escrúpulo,* lat. *scrupulus* "pedrinha aguda ou pontiaguda", figuradamente, "inquietação, ansiedade", decerto quando uma dessas pedrinhas entram no sapato.

Lyons (1984 [1977]: 620) pondera que nos "últimos cinquenta anos" (isto é, entre 1920 e 1970), os mais importantes desenvolvimentos da Semântica Diacrônica foram os seguintes:

(1) Aplicação dos princípios estruturalistas à história dos campos semânticos.
(2) Implementação do princípio segundo o qual a história do vocabulário de uma língua não pode ser estudada independentemente da história social, política e econômica do povo que a fala – derivando daqui os estudos sobre as palavras e as coisas.
(3) Entendimento de que variações diacrônicas e dialetais são inseparáveis.

Nesta seção, proponho que dois processos de mudança semântica atuam simultaneamente: a dessemanticização, seguida da ressemanticização.

A dessemanticização é a perda do sentido da palavra, seguida imediatamente pela ressemanticização, que é a criação de sentidos novos para as mesmas expressões. Afinal, não existem palavras vazias de sentido.

Um plano de pesquisas em Semântica Diacrônica poderia tomar como ponto de partida algumas categorias semânticas, migrando daí para sua expressão léxica e sintática:

(i) Referenciação
(ii) Predicação
(iii) Apresentação
(iv) Verificação
(v) Foricidade
(vi) Dêixis
(vii) Junção
(viii) Campos semânticos

Os primeiros estudos diacrônicos das expressões dessas categorias atingiram algumas generalizações, tais como: (1) alteração da intensão: movimento do concreto para o abstrato, (2) alteração da extensão: especialização e generalização, (3) melhora e piora semântica. Para uma exemplificação, ver Ilari (2012, 2013) e Castilho (2014).

A abordagem multissistêmica e a epistemologia dos sistemas complexos

A epistemologia dos sistemas complexos aterrissou na Linguística pouco depois de ter afetado ciências tais como a Meteorologia, a Economia, entre outras, a partir dos anos 1980.

Venho formulando há tempos uma proposta de apropriação dessa epistemologia pela Linguística, sob a denominação de "Abordagem multissistêmica da língua", com base na interpretação dos achados dos pesquisadores ligados ao Projeto Nurc e ao Projeto de Gramática do Português Falado (Castilho, 2007).

Postulo aí a língua como uma entidade multilinear, cujas categorias operam simultaneamente, integrando quatro sistemas, sem regras de determinação entre eles, rejeitando-se a ideia de que um sistema deve ser assumido como central e os demais como periféricos: Léxico, Semântica, Gramática, Discurso. Centralidade e periferia são conceitos de interesse para o estudo dos produtos, não dos processos de criação linguística, que é o objeto maior da abordagem multissistêmica.

Na agenda de pesquisas dessa abordagem, a gramaticalização é entendida como um processo linguístico entre outros, somando-se à lexicalização, à semanticização e à discursivização. É claro que investigações multissistêmicas demandam um trabalho necessariamente interdisciplinar para sua execução.

O foco da investigação vai para os processos de criação das expressões linguísticas. Diluem-se, portanto, as fronteiras entre sincronia e diacronia, postulando-se que as línguas naturais são fenômenos pancrônicos. Para um detalhamento maior, ver a "Introdução" do volume 5 e seu sexto capítulo, sobre a diacronia da concordância.

Linguística Histórica: "a Fênix renascida"

A Linguística Histórica perdeu espaço durante o período mais forte de atuação do Estruturalismo e do Gerativismo, movimentos basicamente ahistóricos. Chegou-se mesmo a anunciar sua morte, visto o forte impacto dessas teorias, que favorecem o estudo de uma dada sincronia.

É verdade, entretanto, que mesmo no interior dessas teorias algumas vozes anunciavam a volta da "velha senhora". Lembrem-se as pesquisas de A. Martinet sobre a Fonologia Diacrônica, no quadro do Estruturalismo, e a Teoria dos Princípios e Parâmetros de N. Chomsky, no quadro do Gerativismo. No Brasil, foi profética a voz de Fernando Tarallo, que proclamou o renascimento da "Fênix", excelente metáfora para uma ciência que retorna sempre (Tarallo, 1984).

Nesses mesmos anos 1980, sem que tivesse havido uma combinação prévia, três respeitadas linguistas fizeram renascer a Linguística Histórica no domínio da língua portuguesa:

- Maia (1986), na Universidade de Coimbra, com seus estudos sobre o galego-português;
- Mattos e Silva (1989), na Universidade Federal da Bahia, com seu estudo sobre o português trecentista, a que se seguiu o Programa de História do Português;
- Mary Kato, na Universidade Estadual de Campinas, juntamente com Fernando Tarallo, focalizando o português brasileiro (Kato e Tarallo, 1989; Roberts e Kato (2018 [1993]).

Foi nesse contexto que, a partir de 1998, tiveram início as atividades do Projeto para a História do Português Brasileiro, detalhadas na seção a seguir. Os pesquisadores aqui reunidos são largamente devedores a esses linguistas, tanto quanto ao desenvolvimento da Linguística no Brasil. O tempo mostrará o peso dessa condição sobre as pesquisas reunidas nesta obra.

O PROJETO PARA A HISTÓRIA DO PORTUGUÊS BRASILEIRO (1997-)

O quadro desenhado na seção anterior me motivou a propor a criação de um projeto coletivo de pesquisas, tendo por objetivo historiar o Português de São Paulo (Castilho, 1998). O Programa de Pós-Graduação em Filologia e Língua Portuguesa da Universidade de São Paulo tinha aprovado essa proposta em 1995.

O Projeto de História do Português Paulista (PHPP) deveria reconstituir o percurso histórico do português paulista, que representa o primeiro momento de lusitanização do Brasil, iniciado em 1532, na cidade litorânea de São Vicente.

São as seguintes as motivações do PHPP:

(1) Retomar a tradição das pesquisas em Linguística Histórica da Universidade de São Paulo.

(2) Buscar as raízes diacrônicas dos fenômenos descritos pelo Projeto Nurc (1970-1988) e pelo Projeto de Gramática do Português Falado no Brasil (1988-2006).

(3) Repercutir as atividades do Programa de História do Português (PROHPOR), lançado nos anos 1980 na Universidade Federal da Bahia por Rosa Virgínia Mattos e Silva, e aquelas que resultaram do "casamento" entre a gramática gerativa e o variacionismo laboviano, patrocinado por Mary Kato e Fernando Tarallo na Universidade Estadual de Campinas, igualmente nos anos 1980.

Após intensa troca de correspondência com pesquisadores eventualmente interessados, realizou-se em São Paulo o I Seminário do Projeto para a História do Português Paulista, em 1997 (Castilho, 1998). Nessa ocasião, por iniciativa dos participantes, o projeto regional assumiu uma dimensão nacional, mudando-se sua designação para Projeto para a História do Português Brasileiro (PHPB).

Equipes regionais do PHPB e seus coordenadores

O PHPB conta hoje com mais de 200 pesquisadores, distribuídos por 14 equipes regionais, aqui enumeradas, indicando-se o coordenador regional:

- Alagoas: Denilda Moura (Universidade Federal de Alagoas)
- Bahia: Tânia Lobo, em substituição a Rosa Virgínia Mattos e Silva (Universidade Federal da Bahia)
- Ceará: Aurea Suely Zavam (Universidade Federal do Ceará)
- Mato Grosso: Elias Alves de Andrade (Universidade Federal do Mato Grosso)
- Minas Gerais: Jânia Ramos (Universidade Federal de Minas Gerais)
- Paraíba: Roseane Nicolau, em substituição a Camilo Rosa (Universidade Federal da Paraíba)

- Pará Oeste: Ediene Pena Ferreira (Universidade Federal do Oeste do Pará)
- Paraná: Vanderci Aguilera (Universidade Estadual de Londrina)
- Pernambuco: Valéria Gomes (Universidade Federal Rural de Pernambuco), em substituição a Marlos de Barros Pessoa (Universidade Federal de Pernambuco)
- Rio de Janeiro: Dinah M. I. Callou (Universidade Federal do Rio de Janeiro)
- Rio Grande do Norte: Alessandra Castilho da Costa, em substituição a Marco Antonio Martins (Universidade Federal do Rio Grande do Norte)
- Santa Catarina: Izete L. Coelho, em substituição a Gilvan Muller de Oliveira (Universidade Federal de Santa Catarina)
- São Paulo: Manoel Mourivaldo Santiago Almeida (Universidade de São Paulo), em substituição a Ataliba T. de Castilho (Universidade de São Paulo)
- Sergipe: Renata Ferreira Costa (Universidade Federal de Sergipe)

O PHPB vem estimulando, desde então, uma "convivência dos contrários", abrigando sociolinguistas, gerativistas, funcionalistas e cognitivistas.

Uma temática nova passou a frequentar nossas práticas de pesquisa, graças à contribuição de linguistas alemães (Brigitte Schlieben-Lange, Wulf Oesterreicher, Johannes Kabatek, Konstanze Jungbluth, Eberhard Gaertner, Roland Schmidt Riese, Uli Reich) e portugueses (Ivo Castro, Augusto Soares da Silva, Clarinda Maia), entre outros, todos especialmente convidados a interagir com nossos pesquisadores, por meio de seminários de estudos e visitas de trabalho.

Agenda do PHPB

A agenda do PHPB compreende as seguintes atividades:

(1) Organização do *corpus* diacrônico;
(2) História social do PB;
(3) Mudança gramatical do PB;

(4) Tradições discursivas: constituição e mudança dos gêneros discursivos. Diacronia dos processos constitutivos do texto;
(5) História do léxico.

Seminários nacionais do PHPB e publicação das atas

Os pesquisadores se dividiram por grupos de trabalho correspondentes à agenda citada. Os resultados da investigação são apresentados em seminários nacionais. Até aqui, foram realizados nove seminários, cujos resultados foram publicados em série própria (ver dados de imprenta nas "Referências Bibliográficas"):

I Seminário, São Paulo, 1997: Castilho (Org. 1998).
II Seminário, São José dos Campos/SP, 1997: Mattos e Silva (Org. 2001, 2 tomos).
III Seminário, Campinas/SP, 1999: Alkmim (Org. 2002).
IV Seminário, Teresópolis/RJ, 2001: Callou e Duarte (Orgs. 2002).
V Seminário, Ouro Preto/MG, 2002: Ramos e Alckmin (Orgs. 2007).
VI Seminário, Ilha de Itaparica/BA, 2004: Lobo, Ribeiro, Carneiro, e Almeida (Orgs. 2006, 2 tomos).
VII Seminário, Londrina/PR, 2007: Aguilera (Org. 2009, 2 tomos).
VIII Seminário, João Pessoa/PB, 2010: Hora; Rosa (Orgs. 2010).
IX Seminário, Maceió/AL, 2013 (inédito).

A série *História do Português Brasileiro*

O PHPB completou 10 anos em 2007. Surgiu então a ideia de consolidar os resultados obtidos numa grande obra de referência, *História do Português Brasileiro,* completando-se o que aí tiver faltado.

A proposta de redação coletiva dessa obra foi apresentada e aprovada no VII Seminário do PHPB (Londrina, 2007). Entre esse e o VIII Seminário, seguiu-se uma intensa troca de correspondência entre os coordenadores regionais e os pesquisadores, convencionando-se que no seminário de João Pessoa a proposta deveria ganhar contornos mais precisos. Foi então apresentada e aprovada a caracterização do livro, publicada em Dermeval da Hora e Camilo Rosa Silva (2010: 424-426).

Dez anos depois, os pesquisadores que escreveram os capítulos da obra estão cientes da incompletude de sua apresentação atual, dada a enorme extensão do empreendimento. Espera-se que novas gerações de linguistas ampliem e aprofundem o quadro aqui apresentado, num grande esforço de historiar a formação da identidade linguística dos brasileiros.

O objetivo de todos foi preparar uma obra de referência, não uma coletânea de artigos soltos. Espera-se de uma obra de referência um conjunto articulado de textos, suficientemente capazes de retratar o conhecimento atual de determinada disciplina. Nisso essa série de volumes se distancia das obras organizadas, que nem sempre correspondem a um plano prévio de pesquisas.

Cada volume foi editado por um ou mais pesquisadores, entendendo-se que "edição" é diferente de "organização", pois naquele caso há uma forte interação pesquisador-editor, encarregados de evitar a perda de foco dos capítulos.

Durante o IX Seminário (Maceió, 2013), foi discutida a primeira versão dos capítulos da *História do Português Brasileiro,* calculando-se que o trabalho seria completado entre 2015 e 2016.

Anteriormente à edição desta série, tinha sido publicado o então numerado vol. III, tomo 4: Maria Denilda Moura e Marcelo Amorim Sibaldo (Eds.), *Sintaxe comparativa entre o português brasileiro e línguas crioulas de base lexical portuguesa*. Maceió: Editora da Universidade Federal de Alagoas, 2013.

Corpus diacrônico do PHPB

Ver volume 2 desta série, *Corpus diacrônico do português brasileiro.*

CORPUS DIACRÔNICO DO PHPB PUBLICADOS

Para uma discussão sobre a organização do *corpus* diacrônico do PHPB e as publicações que daí resultaram, ver volume 2 desta série.

Enumero a seguir as publicações em livro do *corpus* apurado até esta data.

MEGALE, Heitor; TOLEDO NETO, Sílvio de A. *Por minha letra e sinal*: documentos do ouro do século XVII. São Paulo: Ateliê/Fapesp, 2006.

MEGALE, Heitor; TOLEDO NETO, Sílvio de A.; FACHIN, Phablo Roberto M. *Caminhando mato dentro*. Documentos do ouro do século XVIII. São Paulo: Espaço Editorial/Fapesp, 2009.

MÓDOLO, Marcelo. *Um* corpus *para a diacronia do português de São Paulo*. São Paulo, Dissertação de Mestrado, Universidade de São Paulo, 1998.

MONTE, Vanessa Martins do. *Correspondências paulistas:* as formas de tratamento em cartas de circulação pública. São Paulo: Humanitas/Fapesp, 2015.

MOURA, Denilda (Org.). *Resquícios de Palmares*: o que uma comunidade de quilombola nos diz. Maceió: Editora da Universidade Federal de Alagoas, 2009.

OLIVEIRA, Klebson. *Textos escritos por africanos e afro-descendentes na Bahia do século XIX:* fontes do nosso latim vulgar? Salvador, Dissertação de Mestrado, Universidade Federal da Bahia, 2003.

OLIVEIRA, Klebson. *Negros e escrita no Brasil do séc. XIX*: sócio-história, edição filológica de documentos e estudo linguístico. Salvador, Tese de Doutorado, Universidade Federal da Bahia, 2006.

RAMOS, Jânia. Seleção do *corpus* para o estudo da língua portuguesa na Capitania de Minas Gerais no século XVIII. In: R. V. Mattos e Silva (Org. 2001: vol. II, tomo 2, 423-434).

RIBEIRO, Ilza; REBOUÇAS, Soraia. As cartas da Santa Casa de Misericórdia – 1860 a 1863. In: M. E. L. Duarte; D. Callou (Orgs. 2002: 49-60).

RUMEU, Marcia Cristina de Brito. *A implementação do "Você" no português brasileiro oitocentista e novecentista:* um estudo de painel. Rio de Janeiro, Tese de Doutorado, Universidade Federal do Rio de Janeiro, 2008.

SALLES, Miguel. Arquivos paulistanos de interesse para a história do português de São Paulo. In: R.V. Mattos e Silva (Org. 2001: vol. II, tomo 2, 435-442).

SANTIAGO-ALMEIDA, M. M. Fontes manuscritas e impressas: reflexos da nossa base cultural e linguística. In: Marieta Prata de Lima Dias (Org. 2007: 131-140).

SIMÕES, José da Silva; KEWITZ, Verena (Orgs.). *Cartas paulistas dos séculos XVIII e XIX*. Aldeamentos de índios, cartas paulistas da BNRJ, Correspondência passiva de Washington Luiz. São Paulo: Humanitas, CD-ROM, 2006a.

SIMÕES, José da Silva; KEWITZ, Verena. Traços linguístico-discursivos em *corpora* do português brasileiro. *Estudos Linguísticos XXXV* [Anais do GEL], 2006b.

SIMÕES, José da Silva; KEWITZ, Verena. A constituição de *corpora* diacrônicos do Português Brasileiro e seus traços linguístico-discursivos. In: Eberhard Gärtner (Org. 2009).

SIMÕES, José da Silva. A importância da história dos gêneros para a constituição de corpora diacrônicos. In: Marco Antonio Martins e Maria Alice Tavares (Orgs. 2012: 55-94).

SIMÕES, José da Silva. Seleção de gêneros textuais segundo aportes teóricos das tradições discursivas e da linguística de corpus: critérios para a constituição de *corpora* históricos do português brasileiro. *Anais do VI Siget – VI Simpósio Internacional de Estudos dos Gêneros Textuais VI International Symposium on Genre Studies*. Natal: Universidade Federal do Rio Grande do Norte Campus Universitário, Lagoa Nova, 2011.

SOARES, Thiago Nunes; GOMES, Valéria Severina. *Identidade e memória em manuscritos e impressos pernambucanos:* língua, história e cultura através dos textos. Recife: Ed. dos Autores, 2012.

TOLEDO NETO, Sílvio de Almeida. Subsídios para a fixação de normas de transcrição de textos para estudos linguísticos – III. In: R. V. Mattos e Silva (Org. 2001: vol. II, tomo 2, 539-549).

TOLEDO NETO, Sílvio de Almeida. Constituição de *corpus* de documentação dos séculos XVII, XVIII e XIX (PHPB-SP). In: M. E. L. Duarte; D. Callou (Orgs. 2002: 39-48).

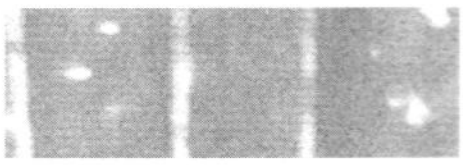

BREVE RETROSPECTIVA DO PENSAMENTO LINGUÍSTICO-HISTÓRICO NO BRASIL

Carlos Alberto Faraco

Fazemos, neste texto, uma breve retrospectiva dos estudos sobre a origem e a história da língua portuguesa, dando ênfase, na segunda parte, aos estudos linguístico-históricos que se desenvolveram no Brasil a partir das últimas décadas do século XIX. Ver também Faraco (2016).

A reflexão sobre a origem e a história da língua portuguesa se iniciou na virada do século XVI para o XVII. Marcou este início a obra *Origem da língua portuguesa,* escrita por Duarte Nunes de Leão (1530(?)-1608) e publicada em Lisboa em 1606.[1]

Seu autor, renomado jurisconsulto, desenvolveu intensa atividade intelectual nas áreas do Direito (coligiu e publicou várias das leis portuguesas), da Historiografia de Portugal (escreveu uma genealogia dos reis portugueses e uma crônica dos primeiros reis até D. Fernando) e dos estudos linguísticos (além da *Origem,* elaborou também um tratado de ortografia, publicado em 1576).

Simpático à união das coroas de Portugal e Espanha – ocorrida em 1580 em decorrência da crise dinástica provocada pela morte de D. Sebastião sem ter deixado descendente –, Nunes de Leão dedicou seu opúsculo linguístico-histórico ao rei Felipe II, de Portugal (Felipe III, da Espanha).

O leitor desse texto hoje logo percebe a atualidade de muitos de seus pressupostos de base mesmo passados quatrocentos e tantos anos de sua publicação. Não seria exagero dizer que, em boa parte, a obra poderia ser assinada por um linguista moderno. É essa também, de certa forma, a avaliação de Sílvio Elia (1999), que, revisitando sua obra, o classificou como o primeiro filólogo de língua portuguesa.

Algumas coordenadas gerais dão prova disso: a clareza e propriedade com que abordou a mudança linguística; o destaque que deu ao caráter arbitrário das mudanças e à sua correlação com o uso ("*as palavras são... mudaveis, como cousa arbitraria, & em que o povo tem jurdiçaõ*" – pp. 2-3); o contato entre línguas como fator desencadeador de mudanças, em especial seus efeitos na dinâmica da absorção de vocabulário de outras línguas, donde – acentuava ele – resulta o fato de não existir língua pura ("*Todos estos exemplos trouxemos, pera mostrar claramente que não ha lingoa algũa pura, nem a houve sem ter mistura de outras lingoas.*" – p. 26), princípio que viria a ser consolidado pelos estudos linguísticos posteriores.

Sobre a língua portuguesa especificamente, Nunes de Leão dizia ter sido ela, em seu processo de constituição, "*mea Gothica, & mea latina*" (p. 31), ou seja, deixava clara a percepção de que o português tinha uma origem no latim, fundamento este que havia passado por várias mudanças em decorrência de o latim, a língua da maioria da população, ter sido adotado pelos povos germânicos que se estabeleceram na península ibérica a partir do século V.

Nunes de Leão apresentava esse processo histórico sem emitir juízo de valor. Não deplorava as mudanças. Ao contrário, as entendia como um fato normal, próprio (e inevitável) de todas as coisas humanas ("*Assi como em todas cousas humanas ha continua mudança & alteraçaõ, assi he tambem nas lingoag~es*" – p. 1). E afirmava, no início do capítulo 7, que é coisa natural "*aos que se entremettem a fallar algũa lingoa alhea desencaminharse das regras, & propriedade della*" (p. 33), exatamente como tinha ocorrido com os germânicos quando chegaram à península ibérica e passaram a falar a língua da população hispano-romana.

Nesse sentido, parece que temos de tomar com certa cautela o termo *corrupção* que aparece no texto de Nunes de Leão. Embora fosse comum à época entender a mudança linguística como equivalente a decadência, deterioração, o conjunto da exposição do autor sugere antes que o termo estava sendo usado por ele não nessas acepções negativas, mas simplesmente no sentido de "modificação de características originais", não implicando, portanto, juízo negativo, o que também se tornou princípio consolidado nos estudos linguísticos posteriores.

Por outro lado, Nunes de Leão identificava claramente o íntimo parentesco do galego e do português (p. 32):

> [as lingoas] de Galliza & Portugal, as quaes eraõ antigamente quasi hũa mesma, nas palavras, & nos diphtongos, & na pronunciaçaõ que as outras partes de Hespanha naõ tem. Da qual lingoa Gallega a Portuguesa se aventajou tanto, quãto na copia & na elegãcia della vemos. O que se causou por em Portugal haver Reis, & corte que he a officina onde os vocabulos se forjaõ, & pulem, & donde manaõ pera os outros hom´es, o que nunqua houve em Galliza.

Não perdia de vista, portanto, que a língua românica que veio a ocupar toda a faixa ocidental da península tinha sua origem na Galiza. E mais: se, no início do século XVII, se podia considerá-las duas línguas, tal fato se devia às circunstâncias histórico-políticas que, separando a Galiza das regiões que vieram a constituir o reino de Portugal, favoreceram o rompimento da relativa unidade linguística originária.[2]

Quanto ao material linguístico sob análise, seu olhar tomou como referência básica a palavra, o que era o mais comum em seu tempo. A estrutura sintática só começou a ser tomada mais consistentemente como referência no século XVIII.

Dedicou todo um capítulo (o sétimo) para arrolar mudanças fonéticas, morfológicas e semânticas das quais resultou a língua que "*se oje falla*" (p. 33). Na sequência, listou, em diferentes capítulos, palavras do léxico português oriundas de outras línguas (a saber, palavras de origem grega, árabe, goda, francesa, occitana, italiana, hebraica, alemã), sempre correlacionando sua entrada na língua com as respectivas circunstâncias históricas. Listou também palavras que seriam próprias do português e termos arcaicos encontrados em textos antigos e seus equivalentes modernos.

Com essa organização de seu livro, Nunes de Leão desenhou, de certa forma, as linhas gerais que, séculos depois, vão caracterizar as gramáticas históricas da língua, as quais vão destinar a maior parte de suas páginas à descrição das mudanças fonológicas e morfológicas, e à da formação do léxico da língua. Outros serão os aparatos teóricos, mas o grande esquema já estava dado na *Origem.*

Os últimos capítulos do livro constituem, na tradição da época, um elogio à língua portuguesa, acrescido de ponderações sobre os cuidados que se deve ter para alcançar a adequação do dizer (pp. 140-142), perspectiva esta também condizente com uma língua que apenas iniciara seu processo de gramatização.

O elogio à língua tem a castelhana como contraponto, em particular o discurso que atribuía superioridade a esta por ser mais amplamente difundida que a portuguesa. Nunes de Leão contra-argumentou com muita precisão, dizendo que se muitos usam uma língua não é pela sua bondade, mas por mera necessidade, ou seja, não há nada intrínseco, apenas fatores extrínsecos que explicam o uso maior, ou mais estendido no espaço, de uma língua que de outra. Límpido axioma que a Linguística posterior foi reforçando.

Tendo esse quadro geral da obra de Nunes de Leão, pode-se concordar com a avaliação que Silveira Bueno, em seu *A formação histórica da língua portuguesa* (1954), fez dela (p. 9):

> Um dos estudos mais importantes [da história da língua portuguesa] foi a *Origem da língua portuguesa* de Duarte Nunes do Lião, Lisboa, 1606. Já vemos nessas páginas como os principais problemas receberam adequada solução, adequada, sobretudo, se levarmos em conta as ideias da época.

E detalha mais adiante (p. 245):

> A sua grande obra, porém, é justamente essa *Origem da língua portuguesa*, que não é propriamente uma gramática normativa, mas já histórica. Incidentemente discute pronúncias, etimologias, grafias, concordâncias, etc. Pode-se dizer que para o tempo devia ter causado assombro pela erudição acumulada, pela segurança dos princípios básicos, pelo grande material exibido [...] Filia o português no latim, embora literário; ensina que os germânicos tiveram grande atuação na "corrupção" desta língua latina [...].

A filiação latina do português já era, de certa forma, senso comum do pensamento da época. João de Barros, seja na *Gramática*, seja no *Diálogo,* já tinha deixado registrado esse pressuposto geral, tomando, inclusive, tal origem como fator de nobilitação da língua vernácula, pois, no horizonte de conhecimento da época, assumia-se que as línguas românicas tinham o latim clássico como origem (como se pode inferir da própria exposição de Nunes de Leão – cf., por exemplo, seu capítulo 6) e não, como ficou demonstrado posteriormente, o latim popular.

No entanto, na virada do século XVI para o XVII, emergiu na Espanha uma polêmica sobre a origem da língua castelhana na qual se opuseram defensores da sua filiação latina e adeptos de uma tese da existência de um castelhano primitivo falado na península ibérica já antes da chegada do latim.

Nunes de Leão, como veremos, tinha consciência desses debates e, em seu livro, criticou estes últimos, mesmo não os citando nominalmente.

Esteve no centro da controvérsia o jurisconsulto de grande prestígio na corte castelhana Gregorio López Madera (1562-1649). Desenvolveu sua argumentação de uma origem não latina do castelhano a partir das famosas relíquias do Sacromonte de Granada (cf. Woolard, 2013).

Dentre essas relíquias, havia um pergaminho escrito em árabe e castelhano com anotações em latim. O texto se apresentava como uma profecia do evangelista João traduzida do hebreu para o castelhano e enterrada no tempo do imperador Nero (37 d.C.-68 d.C; imperador de 54 a 68) por São Cecílio (o santo patrono de Granada), um mártir cristão que teria origem árabe e teria sido convertido ao Cristianismo pelo próprio Jesus e vindo para a Espanha como discípulo do apóstolo São Tiago.

O pergaminho, se autêntico, redimiria a comunidade mourisca remanescente na Espanha na medida em que, com base nele, se poderia concluir que os primeiros cristãos a chegar à península ibérica eram de origem árabe. Não haveria, portanto, razão para a crescente intolerância e as repetidas ameaças de expulsão do território espanhol dos mouros remanescentes da chamada Reconquista.

Gregorio López Madera esteve entre os que julgaram a autenticidade do pergaminho e das demais relíquias achadas à época em Granada e as declararam autênticas, apesar dos questionamentos feitos por outros estudiosos. Tal juízo de autenticidade chegou a ser referendado por um concílio eclesiástico. Só em 1682 é que se veio a reconhecer sua falsidade.

Aceita-se hoje que as "relíquias" do Sacromonte foram fabricadas pelos mouros da época, num esforço para fazer frente à intolerância que vinha crescendo desde o início do século XVI, e que culminaria na expulsão dessa população (aproximadamente 275 mil pessoas) em 1609.

Por duas vezes, em 1595 (com o opúsculo *Discurso sobre las láminas, reliquias y libros que se an descubierto en la ciudad de Granada este año de 1595, y las reliquias y prophecia que se avia hallado el año passado de 1588*) e em 1601 (com o opúsculo *Discursos de la certidumbre de las reliquias descubiertas en Granada desde el año de 1588 hasta el de 1598*), López Madera escreveu sobre o assunto e deu largas à sua tese de uma origem não latina do castelhano: Madera (1601).

A existência de um texto em castelhano, que teria sido escrito no século I da era cristã, ou era prova de sua falsidade ou demonstrava que o castelhano não derivava do latim.

Madera assumiu essa última hipótese e passou a defender que o castelhano de seu tempo era descendente direto de um castelhano primitivo que se falava na Espanha antes da chegada do latim. Madera não negava que o latim tinha sido falado na Espanha durante o domínio romano, mas argumentava que seus habitantes nunca haviam abandonado o castelhano primitivo.

Num espírito de exacerbado castelhanismo, Madera, com base no pergaminho descoberto, buscava nobilitar a língua castelhana não por ser filha da latina, mas por sua antiguidade, isto é, por ter sido a grande língua da Espanha que antecedera a chegada dos romanos e, por isso, tinha de ser considerada superior a todas as outras línguas ibéricas.

Para Madera, admitir a origem latina era desmerecer as excelências da língua castelhana e da nação espanhola: o castelhano não poderia jamais ter surgido por um processo de corrupção do latim (corrupção que ele entendia como deterioração, decadência).

Para ele, o castelhano de seu tempo seria a verdadeira língua dos ancestrais dos espanhóis e era a mesma de 1.500 anos atrás, conforme deixa claro o trecho citado por Woolard (2013: pos. 1761)[3] retirado do livro de 1601 (tradução nossa):

> "[...] o que encontramos na língua da profecia é a mais certa, a mais verdadeira e, ao mesmo tempo, a mais honrada coisa que poderíamos pedir para nossa nação, a antiguidade de sua língua", a qual "podemos afirmar é a mesma de mil, mil e quinhentos anos atrás".[4]

Em 1606, o erudito Bernardo José Aldrete (1560-1641), canônico da catedral de Córdoba, publicou o livro que é considerado a primeira história da língua castelhana – *Del origen y principio de la lengua castellana ò romance que oi se usa en España.* Nele, Aldrete, citando autores antigos e repassando detalhada e extensamente a história romana na península ibérica, defendia precisamente a origem latina: Aldrete (1606).

E, no capítulo 6 do livro segundo de sua obra, lembrando que todas as línguas mudam no tempo, fazia uma crítica velada à hipótese de Madera de que o castelhano não havia mudado em mais de um milênio. Dizia Aldrete (capítulo 6 do livro segundo):[5]

> [...] entre las cosas de consideracion que ay en las lenguas, es muy notable la mudança, que reciben con el tiempo: lo qual, por lo que toca a mi intento, conviene que no lo passe en silencio.

E acrescentava:

> [...] muerense los hombres, acabanse sus Reynos, y professiones, todo se muda con el tiempo, y las palavras solas han de ser para siempre, siendo las mas ligeras que el viento, y mas sujetas a mudanças. Mucho se engaña por cierto, quien en la cosa mas instable, y flaca, busca perpetuidad, y firmeça.

Madera, em resposta, se tornou crítico contundente de Aldrete, que voltou ao assunto no livro *Varias antiguedades de España Africa y Otras Provincias,* publicado em 1614.[6] Dedicou dez capítulos do livro segundo desta sua obra à questão do pergaminho de Granada.

Aldrete não estava entre os que questionavam a autenticidade das relíquias e do pergaminho. Acreditava, porém, que o texto em castelhano só poderia ser explicado como resultado de um milagre: São Cecílio teria recebido o miraculoso dom das línguas (e Aldrete fez uma extensa argumentação em defesa dessa sua hipótese).

O venerado santo pôde, então, escrever, por benesse divina, na língua que só seria falada mil e quinhentos anos depois, fruto dos processos de mudança que alcançariam o latim trazido pelos romanos à península ibérica. No século I, por ser ainda o castelhano uma língua inexistente, seu uso miraculoso impedia aos seus contemporâneos o acesso à profecia que estava reservado por vontade divina aos espanhóis da virada do século XVI para o XVII.

Monteagudo (2000: 176) relata que, apesar da erudição e da lógica da obra primeira de Aldrete, foi a tese de Madera que alcançou grande repercussão e sucesso nos meios intelectuais castelhanos. E Woolard (2013: pos. 1624) acrescenta que a defesa da origem latina do castelhano por Aldrete acabou sendo recebida por muitos de seus contemporâneos como um "*vergonhoso ultraje à nação espanhola*" (tradução nossa).[7]

Nunes de Leão, no livro que publicou no mesmo ano que Aldrete, mostrou estar ciente das polêmicas. Criticou indiretamente os partidários de uma origem não latina dos romances ibéricos, deixando claro seu ceticismo quanto à possibilidade de se dar uma resposta à questão de qual teria sido o primeiro povo a aportar na península ibérica e de qual teria sido a primeira língua que ali teria sido falada (Leão, 1606).

Manifestava-se contra os que afirmavam ser Tubal, neto de Noé, o primeiro a chegar à península ibérica "*como se nisso naõ tivessem duvida*" (p. 4). Asseverava que as línguas mudam tanto que querer investigar a língua que falavam os primeiros habitantes da península "*he perder t´e po, & vir a disparar em c´e mil devaneos*" (p. 9). E, mais à frente (p. 12), acrescentava:

> Pollo que crer algu´e que a primeira lingoa que os Hespanhoes fallavão perseverou ate aquelles t´epos, he erro manifesto, & cousa increivel a quem sabe as mudanças que as lingoas vaõ fazendo cada dia, ainda sem tamanhos accid´etes, & converso´es de Republicas como entam houve.

A defesa de uma origem não latina para o castelhano não foi, contudo, caso isolado. Nos séculos seguintes, até a constituição e consolidação do paradigma da Linguística Histórico-Comparativa, outros eruditos defenderam teses semelhantes a respeito do francês e do italiano – o primeiro teria uma origem celta e o segundo uma origem etrusca (cf. García Turnes, 2008, cap. 1).

Teses sobre uma origem não latina do português foram formuladas no século XVIII e defendidas ainda nas primeiras décadas do XIX. Beatriz

García Turnes, em sua tese de doutoramento *Ideas sobre o galego e as orixes do portugués na linguística lusa do século* XIX*: xénese e impacto en Galicia da hipótese celtista*, apresentada na Universidade de Santiago de Compostela em 2008, faz um estudo pormenorizado dos autores que defenderam a hipótese de que o português descendia diretamente da língua dos celtas, que teria sido mais ou menos modificada por elementos externos adquiridos de outras línguas com os quais seus falantes tinham entrado em contato ao longo dos séculos.

O primeiro proponente da origem celta do português foi António Ribeiro dos Santos (1745-1818). Dele se sabe que estudou Direito Canônico na Universidade de Coimbra e permaneceu longo tempo ligado a ela como professor e, de 1777 a 1796, também como seu bibliotecário. Neste último ano foi nomeado diretor da Real Biblioteca Pública da Corte, atual Biblioteca Nacional de Portugal, que acabara de ser criada por D. Maria I. Foi também cronista da casa de Bragança, censor régio e, desde 1779, membro da Academia das Ciências de Lisboa, para a qual escreveu memórias sobre a literatura sacra hebraica, as origens e evolução da tipografia em Portugal, a história das matemáticas, e sobre a língua e poesia portuguesa. Era pessoa de ampla cultura, mostrando-se aberto à modernidade no contexto do enciclopedismo que caracterizou a Europa das Luzes.

Foi na Academia das Ciências de Lisboa que Ribeiro dos Santos apresentou várias memórias em que defendia a origem celta do português, dentre as quais a primeira foi *Memorias para a historia das origens e progressos da lingoa portugueza* – inédita, mas detalhadamente analisada por García Turnes (2008): Santos (1745-1818?).

Essa autora mostra que as ideias de Ribeiro dos Santos não eram tidas por seus contemporâneos como meras elucubrações, devaneios ou disparates. Ao contrário, elas mereceram respeitosa acolhida de seus pares da Academia e foram amplamente debatidas por eles porque, no fundo, não conflitavam *a priori* com paradigmas intelectuais vigentes. Mais que isso: alcançaram boa receptividade na opinião pública, mantendo-se ainda correntes no discurso de senso comum bem depois de terem sido refutadas.

Sua argumentação era fundamentalmente dedutiva e tinha bases histórico-antropológicas e não propriamente linguísticas como se tornaria imperativo com o advento e a consolidação da Linguística Histórico-Comparativa.

Em seu arrazoado não deixava de mencionar aspectos linguísticos: incluía "provas" etimológicas, arrolando vocábulos cujas raízes seriam, segundo autores da antiguidade, de origem celta; e investigando antropônimos e topônimos portugueses antigos que, igualmente, remeteriam à língua celta. Seu horizonte intelectual, porém, não exigia ainda o estabelecimento de classes de equivalências linguísticas sistemáticas como ficou assentado com o desenvolvimento do método histórico-comparativo.

Ribeiro dos Santos sustentava sua argumentação na premissa geral de que os celtas tinham sido o povo mais antigo a povoar a Ibéria. Tomava essa premissa de Estrabão. Seu ponto de partida era, portanto, um argumento de autoridade, nada estranho aos parâmetros intelectuais da época.

Deduzia daí três proposições básicas: a) se os celtas foram os mais antigos povoadores da península, sua língua foi, *ipso facto,* a mais antiga da península ibérica e foi de uso geral em toda ela; b) a língua celta, ainda que alterada por diversas mudanças, continuou a ser falada sob o domínio romano, germânico e muçulmano (remetia aqui a autores antigos que afirmavam tal permanência; e à presença de caracteres celtiberos em vários monumentos do período romano); c) a língua celta continuou a ser o fundo primeiro e mais importante do idioma português e do restante dos da península no momento de sua formação pela divisão em diversos dialetos da língua original, a partir da constituição dos vários reinos peninsulares.

Um dos mais entusiastas defensores da tese celtista foi o frei Francisco de São Luís Saraiva, o famoso cardeal Saraiva (1766-1845), personalidade de grande prestígio religioso, político e intelectual. Foi reitor reformador da Universidade de Coimbra (1821), bispo de Coimbra (1822-24), deputado (1826-28), ministro de Estado (1834-35) e patriarca de Lisboa (1843-45). Foi também guarda-mor da Torre do Tombo (1834) e vice-presidente da Academia das Ciências de Lisboa (1838). Escreveu muitas obras de História, de Arqueologia e de Língua e Literatura.

Dentre estas últimas destacam-se o *Ensaio sobre alguns synonymos da lingua portugueza,* de 1824; o *Glossario de vocabulos portuguezes derivados das linguas orientais e africanas, excepto a arabe,* de 1837; e o *Glossario das palavras e frases da lingua franceza, que por descuido, ignorancia, ou necessidade se tem introduzido na locução portugueza moderna; com o juizo critico das que são adoptaveis nella*, publicado em 1827, um dos carros-chefes do combate aos chamados galicismos.

Foi o cardeal Saraiva que reavivou a questão da origem celta do português ao publicar, em 1837, pela Academia das Ciências de Lisboa, seu texto *Memoria em que se pretende mostrar, que a Lingua Portugueza não he filha da Latina, nem esta foi em tempo algum a lingua vulgar dos Lusitanos* (Saraiva, 1837).[8]

Sustentava sua tese em dois grandes argumentos: de um lado, o que ele considerava uma "*quasi impossibilidade*" (p. 3), qual seja, um povo trocar sua língua por outra ("*fazer huma tão substancial e absoluta mudança*" – p. 3); e, de outro, as profundas diferenças gramaticais entre o latim e o português ("*a total diversidade neste ponto se oppunha invencivelmente á presupposta filiação*" – p. 19).

Para desenvolver o argumento da quase impossibilidade de mudança, Saraiva se amparava no fato de que a linguagem é "*um dos primeiros habitos que adquirimos na infância*" e que se introjeta de tal modo em cada um que se converte "*em propria natureza*" e "*nós conservamos tudo isto com tanta tenacidade, quanto he a que se observa na conservação de todos os habitos, usos, e geitos*".

Dando um passo adiante, lembrava ainda que (p. 18): "*He actualmente reconhecida por todos os filosofos a intima e essencial ligação, que tem a linguagem com o pensamento, e a fórma externa do discurso com o quadro inteiro das idêas, de que elle he a expressão*".

Em razão disso, considerava também não apenas difícil, mas impossível que um povo inteiro abandonasse sua língua. Se isso acontecesse, causaria (p. 18): "*hum total e substancial transtorno e transformação em suas idéas e sentimentos; em seu modo de aprehender, comparar, e ligar os objectos do discurso; e finalmente quasi que em todo o seu caracter intellectual e moral*".

Citava, então, vários exemplos antigos em que povos conquistados por outros e dominados por séculos jamais haviam abandonado suas línguas originais, mesmo que, no trato de questões oficiais e públicas, tivessem de usar a língua dos dominadores. No fim do texto, arrolava o testemunho da manutenção das línguas originais dados por autores antigos como Cícero, Tácito, Plínio e Estrabão. Isso tudo para concluir com a pergunta de por que só os lusitanos teriam trocado de língua (p. 11):

> Qual he pois esse particular privilegio, que tiverão os Romanos nas Hespanhas, ou na Lusitania, para que só pela communicação de algumas legiões nem sempre bem sofridas dos nossos, e pelas quimericas prerrogativas de colonias, e municipios, dadas a poucas cidades, que occupavão huma insignificante porção de territorio, fizessem esquecer aos habitantes indigenas, aliás, numerosissimos, e tenacissimos de seus costumes, a lingua natural para adoptarem hum idioma estrangeiro?

O autor tentava com todo esse arrazoado derrubar a tese de que os povos ibéricos pré-romanos haviam adotado a língua latina de seus dominadores, donde emergiriam, com o tempo, as línguas românicas da península.

Mas Saraiva acrescentava o argumento de que as visíveis diferenças gramaticais entre o latim e o português inviabilizavam a hipótese de que este fosse oriundo daquele. Alertava que, para apreender o gênio próprio de cada língua,[9] não se devia olhar para o vocabulário, mas orientar-se (p. 20)

> [...] pela sua estructura e construcção; pela ordem e ligação com que ellas dispõem os seus vocabulos, a fim de fazerem mais clara e mais energica a imagem do pensamento; pelas differentes fórmas grammaticaes, com que modificão os mesmo vocabulos; e pelo emprego e lugar, que lhes dão no discurso, aptificando-os assim para bem desempenharem aquella pintura e expressão.

Com base nesse pressuposto, o cardeal – seguindo argumentação semelhante desenvolvida no século XVIII pelo abade Gabriel Girard para as línguas francesa, italiana e espanhola (em seu livro *Les vrais principes de la langue françoise,* de 1747); e, em seguida e na esteira de Girard, por Nicolas Beauzée para o francês em seu artigo "Langue", da *Encyclopédie* (cf. Campos, 1843: 7-8) – arrolava vários fatos que diferenciam o português do latim, entre os quais os casos, a passiva sintética, as formas comparativas em *-or* (inexistentes em português); os artigos definidos, o verbo auxiliar *estar*, o infinitivo flexionado (inexistentes em latim); além de inúmeros adágios e anexins de uso comum em português que não vieram do latim, "*nem ainda se pode traduzir neste idioma, senão abandonando o sentido litteral, e recorrendo a outras frases, que debaixo de mui differentes termos exprimem hum sentido equivalente*" (p. 25).

E, por fim, tentava ainda desfazer o argumento das semelhanças lexicais, asseverando que "*effectivamente vindos do latim, nem são tantos em numero como se suppõe, nem servem todos para demonstrar a supposta filiação*" (p. 26), estendendo-se em apresentar vários fatos que, segundo ele, provavam o diminuto vocabulário português efetivamente oriundo do latim.

Em 1843, veio a público, sem autoria expressa, mas identificado como de Francisco António de Campos, erudito e político português, o livro *A língua portugueza é filha da latina ou refutação da memoria em que o Senhor Patriarca eleito D. Francisco de S. Luiz nega esta filiação.*[10]

Nele, o autor foi contrapondo fatos e testemunhos a cada exemplo apresentado pelo cardeal Saraiva para defender a impossibilidade de um povo abandonar sua língua original. Pela mesma via, mostrou que o latim, contrariamente ao que afirmava Saraiva, tinha sido de amplo uso na Ibéria.

Quanto às diferenças gramaticais apontadas por Saraiva, Campos repassou cada uma delas, mostrando a improcedência empírica dos argumentos. Mas, acima de tudo, Campos deu destaque a um fato que escapava a Saraiva: as línguas românicas não derivavam do latim clássico, mas do latim popular (pp. 24-25):

> O grande erro destes grammaticos é persuadirem-se que a lingua portugueza (quando se diz que é filha da latina) deve provir da lingua de Cicero ou de Cesar; e nem mesmo da lingua que elles usavam familiarmente com seus concidadãos, senão da lingua que fallavam no senado e na tribuna em discursos de apparato. Devem ficar entendendo de uma vez para sempre, que o portuguez vem da lingua popular, ou rustico romano antigo, tal qual era fallado pelo povo de Roma, e das differentes provincias do imperio, tão remotas de Roma pela distancia, como pelos usos e costumes das diversas nações conquistadas.

A refutação da tese celtista – dentro ainda do quadro intelectual anterior à entrada em cena da Linguística Histórico-Comparativa em Portugal (que só veio a ocorrer em 1868 pelas mãos do filólogo Adolfo Coelho) – prosseguiu nos anos seguintes com intervenções de Alexandre Herculano em 1844, de Francisco Evaristo Leoni (em seu livro *Genio da lingua portugueza*, de 1858) e finalmente com a tese que Augusto Soromenho apresentou em 1867 em concurso para a cadeira de Literatura Moderna no curso superior de Letras (*Origem da lingua portugueza*).

Nesse período todo, ninguém se dispôs a voltar a defender uma origem não latina para o português, embora, como mostra García Turnes (2008) em seu trabalho (item 1.4), o celtismo, abandonado nos meios acadêmicos, não tivesse desaparecido inteiramente da opinião pública, reaparecendo em dois livros do fim do século XIX: *Historia da Luzitania e da Ibéria desde os tempos primitivos ao estabelecimento definitivo do dominio romano,* assinada por João Bonança e publicada em 1887; e *A philologia perante a historia. Ensaio de critica á sciencia allemã e a varias sciencias,* assinada por José Correia Nobre França e publicada em 1890. Eram ambos jornalistas e ativistas republicanos e sem qualquer formação filológica efetiva.

Concluímos, então, esse tópico com as palavras da mesma autora (García Turnes, 2008: 67):

> Podemos situar o centro da polémica celtista entre 1837 – ano en que se publicou por primeira vez unha obra dedicada a refutar a orixe latina do portugués – e 1867 – en que A. Soromenho publica a súa Origem da lingua portuguesa. A partir de aí a hipótese celtista parece perder forza e entrará en franca decadencia cos ataques de A. Coelho (1868) e a progresiva implantación da glotoloxía en Portugal. Xa non producirá obras dignas de mención que provoquen a rápida e irada resposta dos latinistas, e restrinxirase cada vez máis ao âmbito da opinión pública, aínda que autores moi influídos por esta, como Teófilo Braga, en ocasións parezan ceder ao atractivo do celtismo.

Ao que tudo indica, essa polêmica jamais alcançou o Brasil. Estava encerrada quando estrearam por aqui os estudos linguístico-históricos, já dentro do paradigma da Linguística Histórico-Comparativa, pelas mãos do filólogo Manuel Pacheco da Silva Jr. (1842-1899) com seu *Estudo da lingua vernacula – Phonologia*, de 1877; e sua *Grammatica historica da lingua portugueza,* publicada no Rio de Janeiro em 1878.[11]

Pacheco da Silva Jr. foi professor do Colégio Pedro II e autor, junto com Lameira de Andrade, de uma das gramáticas da língua que vieram à luz, em 1887, em consonância com os programas de português organizados por Fausto Barreto.

Na sua *Grammatica historica,* Pacheco da Silva Jr. fez breve referência ao celtismo, apontando seus defensores e opositores em Portugal e não fazendo qualquer menção a eventuais adeptos brasileiros. Sem expressar qualquer juízo de valor, apenas asseverou que o celtismo estava já refutado, embora ainda persistisse (p. 67):

> Esta opinião [origem latina do português] tem sido controvertida. Uns sustentam que o portuguez deriva-se das linguas celticas falladas na pensinsula (e ainda persiste a celtomania a despeito das provas irrefragaveis da origem latina das linguas romanas).

Só um século depois de encerrada a polêmica é que voltamos a encontrar uma menção entre nós ao celtismo no livro de Silveira Bueno (*A formação histórica da língua portuguesa*), publicado em 1955. Nele, o autor resumiu sumariamente a tese e a considerou uma aberração científica e uma infantilidade.

Aos olhos posteriores à Linguística Histórico-Comparativa pode-se mesmo considerá-la assim. No entanto, não deixa de ser um juízo anacrônico, que não considera os horizontes intelectuais da época. Deveríamos também considerar, por exemplo, a asserção de Nunes de Leão (1606: 62) de que a língua hebraica é a mãe de todas as línguas como aberração científica e infantilidade? Seria necessário esquecer que no clima intelectual europeu do tempo essa asserção, comum a vários outros estudiosos, decorria necessariamente da leitura estrita do texto bíblico como narrativa histórica.

Os defensores do celtismo eram eruditos respeitados que, a partir de axiomas e formas de argumentação aceitáveis no contexto intelectual da época, defendiam uma tese que lhes parecia plausível. O interessante é observar que os autores que a refutaram não o fizeram a partir de outro paradigma, mas dentro da mesma lógica argumentativa e do mesmo quadro intelectual em que trabalharam os refutados.

Quando Adolfo Coelho – o introdutor em Portugal da Linguística Histórico-Comparativa ou, na sua nomenclatura, da "*glottica ou sciencia da linguagem*" (1868: VI) – criticou os celtistas (1868: XI-XVIII), eles já estavam fora de combate. Tanto assim que Coelho nem se deu ao trabalho de desmontar a tese; limitou-se a desqualificar seus proponentes. De Ribeiro dos Santos, disse que tudo nele era "*desconnexo como obra d'um espirito incapaz de chegar á synthese*", escasseando-lhe o método científico (1868: XV). E sobre a *Memoria* do cardeal Saraiva afirmou: "*A memoria do cardeal não só revela carencia completa de espirito scientifico, mas ainda mesmo que elle era fraco erudito, ignorante até de certos pontos conhecidos da antiga philologia classica*" (1868: XVII).

O novo paradigma, associado à própria criação de uma nova ciência da linguagem, instaurava, portanto, um discurso forte que procurava escrupulosamente separar o científico do que considerava como não científico.

Como dissemos antes, este novo paradigma entrou no Brasil na década de 1870 pelas mãos de Pacheco da Silva Jr., seja com seu livro de Fonologia (1877), seja com sua gramática histórica (1878), a primeira a ter esse título em língua portuguesa, embora não a primeira a se dedicar à história do português pelo olhar da Linguística Histórico-Comparativa, mérito que coube ao livro publicado em 1868 por Adolfo Coelho – *A lingua portugueza: phonologia, etymologia, morphologia e syntaxe.*[12]

Será sob esse paradigma que os estudos linguístico-históricos se desenvolverão no Brasil durante quase um século. Soberano como matriz teórica, viu suavizada sua tendência inicial fortemente naturalista e organicista com as reflexões que vinham do idealismo linguístico (Vossler), dos estudos dialetológicos (Gilliéron) e de perspectivas de fundo sociocultural e antinaturalista (Whitney, Schuchardt e Meillet).

Nossos filólogos, contudo, embora tenham incorporado as críticas ao naturalismo mais radical, não se despregaram das grandes coordenadas do pensamento histórico-comparativo (na sua versão neogramática) que sustentavam seus principais inspiradores – Meyer-Lübke e Leite de Vasconcelos.

É interessante registrar que nenhum dos nossos principais filólogos foi grande teorizador. Conheciam o pensamento de ponta, aplicavam-no com competência, fizeram importantes sínteses da história da língua portuguesa, mas nenhum se destacou internacionalmente como teórico. A teorização linguística, aliás, parece que nunca foi, de fato, nosso forte, seja no período da predominância do pensamento filológico, seja posteriormente. Fomos e continuamos ainda a ser caudatários das teorias produzidas na Europa e nos Estados Unidos muito mais do que elaboradores de crítica epistemológica e inovações teóricas.

Se o início do período da prevalência da Linguística Histórico-Comparativa no Brasil é claro, seu término só pode ser estabelecido aleatoriamente, localizando-o entre as décadas de 1950 e 1960. Talvez a publicação da *História da língua portuguesa*, de Serafim da Silva Neto, em 1957, possa ser considerada, ao mesmo tempo, o momento magno do período e o seu fecho.

Haverá, pelo menos até meados da década de 1970, novas edições de algumas das principais obras produzidas no período anterior, mas não se pode afirmar que o paradigma histórico-comparativo como tal tenha mantido sua vitalidade.[13] Os estudos linguísticos brasileiros entravam, nos anos de 1960, numa fase de transição para novos modelos teóricos como o Estruturalismo e, na virada para a década de 1970, o gerativismo chomskyano. Como apontou Rosa Virgínia Mattos e Silva (1988), os estudos históricos, embora não tenham desaparecido de todo, perderam continuidade, cedendo espaço às reflexões fundamentalmente sincrônico-estruturais.

Rosa Virginia – em texto apresentado no XI Encontro Nacional da Associação Nacional de Pós-Graduação e Pesquisa em Letras e Linguística (Anpoll) em 1996 e publicado em 1999 – considerou que foi o ano de 1984 que sinalizou a retomada dos estudos linguístico-históricos no Brasil. Naquele ano, ocorreu, organizado por Carlos Franchi, um simpósio com o título Problemas de Linguística Histórica, promovido pela Associação Brasileira de Linguística (à época presidida por Ataliba T. de Castilho) durante a reunião anual da Sociedade Brasileira para o Progresso da Ciência (SBPC), realizada em São Paulo, na Universidade de São Paulo.

Nesse simpósio, Fernando Tarallo, que tinha se doutorado no ano anterior pela Universidade da Pennsylvania com sua tese sobre as estratégias de relativização em português brasileiro, apresentou seu conhecido texto "A Fênix finalmente renascida" como uma espécie de manifesto pró-retomada dos estudos históricos.

Dizia, então, Rosa Virgínia (1999 [1996]: 32):

> Assim se tornaram determinantes nesse retorno as orientações labovianas nos estudos de mudança no tempo real, necessário para fundamentar também estudos de mudança no tempo aparente; e, talvez mais fortemente ainda, as reformulações do modelo gerativista da década de oitenta, pela via aberta da sintaxe paramétrica comparada entre as línguas e entre estados de língua. Sincronias passadas podem guardar surpresas não só factuais mas como via necessária para argumentos teóricos! Começaram a voltar-se os olhos para elas.

Desse modo, os estudos linguístico-históricos voltavam não como simples retomada do modelo neogramático, mas principalmente pelas mãos do modelo da Sociolinguística laboviana, trazido e difundido por Fernando Tarallo, a que logo se agregou a extensão do modelo chomskyano de Princípios e Parâmetros (Lightfoot, 1981, 1991) a questões diacrônicas, difundidas entre nós em especial por Mary Kato, que trabalhou em conjunto com Tarallo no desenvolvimento do que ficou conhecido como Sociolinguística Paramétrica (cf., entre outros, Roberts e Kato, 2018 [1993]).

Em meio a todos esses fluxos e refluxos dos estudos linguístico-históricos no Brasil, é fundamental dar destaque ao papel singular de Rosa Virgínia Mattos e Silva. Pesquisadora formada ainda no contexto do predomínio da linguística histórico-comparativa, mas já alcançada pelas correntes da transição, Rosa Virgínia realizou, em seus principais trabalhos, uma profícua conjunção das lições da Filologia no trato dos textos antigos com a descrição estrutural introduzida pela Linguística. Pôde assim culminar sua trajetória com a detalhada descrição do chamado português arcaico, certamente uma das mais importantes obras dos estudos linguístico-históricos da língua portuguesa (Mattos e Silva, 2008a).

Nesse sentido, seus trabalhos demonstram que, mesmo não havendo estrita continuidade, as lições de paradigmas prévios não se anulam integralmente pelos novos paradigmas, nem podem ser por eles simplesmente desconsiderados.

Por isso mesmo, Rosa Virgínia encerrava sua conferência (Mattos e Silva, 1999 [1996]), defendendo a necessidade de promover o reencontro da antiga Filologia com a Linguística Histórica contemporânea, na medida em que a retomada dos estudos históricos não se faz sem a volta aos textos do passado ("méttier *de pacientes filólogos*") por "*jovens teóricos apetrechados de teorias e tecnologias de ponta*" (p. 33). Não se trata, diz ela, de uma restauração da Filologia, mas de "*um retorno necessário para chegarem a cumprir-se novas metas propostas por novas orientações teóricas da Linguística Histórico-Diacrônica*" (p. 33). E conclui com as seguinte palavras (p. 34):

> Nestes novos tempos em que voltam a ter realce estudos histórico-diacrônicos, resta-nos recuperar o tempo vencido, já que não foi perdido, usando saberes distintos mas, para certos efeitos, intercomplementares, sem preconceitos, felizmente, parece-me, ultrapassados. Assim, o reencontrar-se desses dois campos de saber só poderá ser essencial para o aperfeiçoamento do que produzem tanto filólogos como linguistas, sobretudo aqueles que fazem Linguística Histórica e nela trabalham, especificamente, com a mudança linguística. É nessa perspectiva que vejo encaminhar-se um reencontro frutífero entre Filologia e Linguística, separadas aqui pela longa história que busquei esboçar nesta exposição.

Foi certamente com esta perspectiva que Rosa Virgínia criou, na Universidade Federal da Bahia, em 1990, o Programa para a História da Língua Portuguesa – PROHPOR, que tantos frutos têm dado neste último quarto de século. Foi este Programa uma das fontes de inspiração para a criação, em 1997, de outro grande e importante projeto de pesquisa linguístico-histórico no Brasil – o Projeto para a História do Português Brasileiro, proposto por Ataliba T. de Castilho, que vem, desde então, abrindo sendas para as investigações linguístico-históricas, tendo sob foco a história do português no/do Brasil e seguindo pelo menos três grandes linhas: a reconstrução de uma história social linguística do Brasil (que Rosa Virgínia chamava de *sócio-história do português brasileiro* – cf. Mattos e Silva, 2004); a busca e publicação de fontes documentais não literárias inéditas do passado do português brasileiro (para servir de base para análises linguísticas diacrônicas); e o percurso histórico da sintaxe brasileira.

O período de predomínio da Linguística Histórico-Comparativa entre nós já mereceu pelo menos cinco retrospectivas, arrolando autores, obras e linhas de investigação: Nascentes (2003 [1939]), Elia (1999 [1940]), Castilho (1962), Mattoso Câmara Jr. (1975c) e Naro (1976). Acrescente-se a estas, a retrospectiva feita também em 1976 por linguistas e filólogos de São Paulo e publicada em dois suplementos especiais do jornal *O Estado de S. Paulo* (em 31 de janeiro e em 7 de fevereiro) a propósito dos cem anos dos estudos linguísticos no Brasil.[14]

Nosso intuito aqui não é, portanto, repeti-las. Vamos apenas destacar alguns aspectos que nem sempre foram privilegiados nas mencionadas retrospectivas.

Comecemos por voltar à *Grammatica historica* de Pacheco da Silva Jr.

Antenor Nascentes, em seu texto sobre os estudos filológicos no Brasil (2003 [1939]), dizia ser este trabalho de Pacheco da Silva Jr. uma "*magnífica introdução à gramática histórica*" (p. 202) e completava sua avaliação da obra com o seguinte comentário (p. 221): "*A* Grammatica historica, *excelente pela visão de conjunto e pela magnífica erudição, infelizmente ficou apenas na parte introdutória*".

Além de um extenso prefácio (24 páginas), esta *Grammatica historica* tem sete capítulos apresentados sob o título de "Introdução": *historia da lingua portugueza; formação da lingua portugueza; elementos historicos* (basicamente um estudo da constituição do léxico)*; idiotismos; hybridismo; dialectos* (em que incluiu breves notas sobre brasileirismos)*; excellencias da lingua portugueza.*

O "Prefácio" é particularmente interessante por apresentar a matriz de referência teórica do autor, toda ela retirada das grandes linhas da Linguística Histórico-Comparativa, em especial de suas tendências mais naturalistas e organicistas.

Assim é que afirma já de início que "*A sciencia da linguagem faz parte da historia natural: é um conjuncto organico cujo estudo pertence ás sciencias biologicas*" (1878: III).

Segundo ele (1878: III), a Glótica ou Glotologia (outros nomes para designar a "*sciencia da linguagem*" – ver adiante), adotando os princípios do novo método histórico-comparativo, proclamou a existência da "*vida da linguagem*", ou seja, mostrou que as línguas apresentam notáveis analogias com os organismos vivos (na formação, desenvolvimento, decadência e morte); estão sujeitas às condições da vida orgânica e regidas por leis estranhas à atividade humana e à determinação da vontade individual.

Anota (1878: III-IV) que Whitney, Steinthal e outros,

> [...] impugnando o geral parecer dos glottologos, julgam ser a linguagem producto da acção consciente do homem, e, conseguintemente, [a glótica] sciencia historica e moral. Com esta opinião não coincidem as de M. Müller, Schleicher, Ascoli, Littré, Pezzi, Bréal, G. de Paris, Hovelacque, e muitos outros que longo fôra enumerar, para quem a explicação da linguagem pertence á natureza e não á *história.*

E conclui dizendo ser este último o seu próprio conceito, destacando, então, que o objeto da investigação é "*a linguagem dada pela natureza e subordinada ás leis immutaveis da formação*" (1878: IV).

Reporta-se ao darwinismo e cita Schleicher como tendo "*exhuberantemente provado*" que as línguas passam por transformações tal como as espécies no reino animal. Estende-se (1878: V-IX) pela classificação das línguas proposta por Schlegel (isolantes, aglutinantes e flexionais) e pelos processos de transformação por que passam as palavras (1878: IX-XII) para concluir com o princípio geral de que "*[t]odos estes factos achamse sujeitos a leis regulares, a uma causa especifica, e cada lingua tem seus principios regulares e particulares de modificações*" (1878: XII). Foram essas regularidades e causalidades – diga-se de passagem – que, percebidas e descritas pelos primeiros comparatistas, permitiram a construção da nova ciência da linguagem, aspecto que será sempre apontado daí para frente pelos demais filólogos.

Pacheco da Silva Jr., na sequência, apresenta em detalhes a classificação das línguas do tronco indo-europeu (p. XII-XVI); levanta hipóteses sobre a "*linguagem primitiva*" (p. XVI-XIX) e a "*origem da linguagem*" (p. XIX-XX); comenta os procedimentos investigativos da Glótica e sua importância na identificação precisa dos fenômenos fonéticos particulares a cada um dos grupos da família indo-europeia com que se pode reconstituir o passado dessas línguas (p. XX-XXIII) e conclui com breves ponderações sobre o ensino da língua (p. XXV-XXVI).

É relativamente vasta a bibliografia referida. Além dos autores já citados anteriormente, aparecem também referências a Franz Bopp, Friedrich Diez, August Pott, Adolphe Pictet, Georg Curtius, entre vários outros. Aqui e ali faz críticas a Adolfo Coelho (p. 22, por exemplo) e Teófilo Braga (p. 25, por exemplo). Mostra-se conhecedor de textos medievais e dos estudos gramaticais, ortográficos e lexicográficos do século XVI ao XIX.

Diante desse quadro, não se pode certamente não concordar com a avaliação de Antenor Nascentes sobre este trabalho de Pacheco da Silva Jr.: trata-se de uma "*magnífica introdução à gramática histórica*". E foi, sem dúvida, um bom começo para o que será característico dos principais historiadores brasileiros da língua portuguesa: não foram particularmente inovadores na teoria e nas análises, mas foram todos grandes sistematizadores do conhecimento produzido na Alemanha e na França pela Linguística Histórico-Comparativa na área da chamada Filologia Românica e em Portugal na área da chamada Filologia Portuguesa. Nesse sentido, produziram algumas das mais importantes sínteses da história da língua portuguesa, como as obras de Said Ali e de Serafim da Silva Neto.

Depois de Pacheco da Silva Jr., vários autores escreveram gramáticas históricas. Algumas de maior porte como a de Eduardo Carlos Pereira (1916); a de Said Ali (1931) – que reunia seus dois livros anteriores *Lexeologia do português histórico* (1921) e *Formação de palavras e sintaxe do português histórico* (1923); a de Ismael de Lima Coutinho (1938) e a de Cândido Jucá (filho), publicada em 1945. E outras de desenho mais estritamente escolar como os *Princípios de grammatica historica e comparada,* de Antônio Estêvão da Costa e Cunha (1883); a *Syntaxe e grammatica historica da lingua portugueza,* assinada apenas com as iniciais P. S. (1909); as *Noções de gramática histórica,* de Brant Horta ([1930?]); os *Elementos de gramática histórica,* de Jaime de Sousa Martins ([1937?]) e *Pontos de gramática histórica portuguesa,* de Mansur Guérios (1937).

A par dessas, outras obras de síntese da história da língua foram escritas por filólogos brasileiros sem fazer constar do título a expressão *gramática histórica*[15] (até porque era tida por alguns como inadequada – cf. Serafim da Silva Neto, 1952-1957: 9).[16]

Novamente, há também neste grupo aquelas obras de maior porte como as *Lições de português*, de Sousa da Silveira (1923); *A formação da língua portuguesa,* de Silveira Bueno (1955) e, claro, a *História da língua portuguesa,* de Serafim da Silva Neto (1952-1957). E outras de corte mais didático como *O meu idioma,* de Othoniel Mota (1916); o volume IV da coleção didática *Idioma nacional,* de Antenor Nascentes (1928); e a *Pequena história da língua portuguesa,* de Aires da Mata Machado Filho (1961).

Depois do período do predomínio do paradigma histórico-comparativo, três obras brasileiras voltam a apresentar breves sínteses da história da língua: *História e estrutura da língua portuguesa,* de Mattoso Câmara Jr. (1979 [1975]) – de inspiração estruturalista –; *Tempos linguísticos: itinerário histórico da língua portuguesa,* de Fernando Tarallo (1990) – de inspiração laboviana –; e *História concisa da língua portuguesa,* de Basso e Gonçalves (2014) – uma exposição atualizada voltada principalmente aos estudantes de Letras.[17]

Ana Maria Martins (1996), em artigo de análise das gramáticas históricas do português, as divide em dois grupos: de um lado, as obras de maior fôlego e ambição elaboradas visando a comunidade científica; e, de outro, "*as gramáticas que poderíamos chamar 'didácticas', isto é, as que destinadas a estudantes do ensino liceal [ensino secundário], foram, em geral, elaboradas de acordo com os programas que aí vigoravam*" (p. 56).

Essa divisão em dois, separando o público acadêmico e o público estudantil, não pode, no entanto, ser mantida rigidamente. Não há dúvida de que a maioria das gramáticas históricas e dos livros de história da língua foi escrita para atender os programas escolares da educação secundária de seu tempo. Isso, porém, não impedia que seus autores as vissem também como destinadas a um público não estudantil; ou, ainda, que elas fossem tomadas como obras de referência pelo público acadêmico.

Assim, Pacheco da Silva Jr., por exemplo, fez constar da folha de rosto da sua *Grammatica historica* a informação de que ela se destinava ao uso dos alunos do 7º ano do Colégio de Pedro II e das escolas normais. Mas também ao uso "*de todos os que estudam o idioma nacional*". Ou seja, embora escrita com base nos programas escolares, era pensada como compêndio de uso geral a ponto de um dos nossos mais destacados filólogos (Antenor Nascentes) ter dito ser ela "*excelente pela visão de conjunto e pela magnífica erudição*".

O mesmo se pode dizer da *Grammatica historica* de Eduardo Carlos Pereira. Foi escrita para o ensino secundário. Isso não a impediu de ser também obra de referência para fora dos ginásios e colégios e merecer elogios de Theodoro Maurer Jr., um dos nossos importantes filólogos, que disse, em texto de 1954 (apud Pinto, 1976: 56) ser ela "*um repositório abundante de fatos históricos largamente discutidos. Embora algumas partes desta obra estejam envelhecidas, a sua sintaxe bem documentada constitui o primeiro estudo pormenorizado da matéria e um dos poucos que até hoje possuímos*".

Por outro lado, Ismael de Lima Coutinho, no prólogo da 1ª edição de seus *Pontos de gramática histórica*, informava que não tratava de sintaxe "*por não ser ela atualmente exigida, no ensino de Gramática Histórica*". No entanto, dada a recepção da obra, já no prólogo da 3ª edição identificava como seu público-alvo não só os estudantes secundários, mas também os alunos universitários. E, a mostrar que a obra alcançou interesse fora dos limites escolares, mereceu de Mattoso Câmara Jr. (1979 [1975]: 54) o seguinte comentário:

> O Brasil pode agora apresentar uma completa gramática histórica do português, comparável às de J. J. Nunes em Portugal e de Edwin Williams nos Estados Unidos, a saber, a de Ismael de Lima Coutinho, da Universidade do Estado do Rio de Janeiro. É uma obra mais rigorosa e exata que a de Francisco da Silveira Bueno, da Universidade de São Paulo.

Por fim, cabe ainda lembrar que Said Ali, nas *Dificuldades da língua portuguesa* (1908), fez referência em suas análises à *Gramática histórica da língua portuguesa,* de António Garcia Ribeiro Vasconcellos. O fato deste livro de Vasconcellos ser destinado aos alunos das 6ª e 7ª classes dos liceus portugueses não impedia que fosse usado também pela comunidade científica.

Diante disso, talvez a melhor divisão seja não em dois mas em três grupos: as obras voltadas à comunidade científica (como a *História da língua portuguesa*, de Serafim da Silva Neto); as obras voltadas ao ensino secundário, mas, pelo seu porte, também usadas como referência pela comunidade científica (como a de Eduardo Carlos Pereira); e, finalmente, as obras de desenho estritamente didático e destinadas exclusivamente ao ensino secundário (como a de Othoniel Mota).

Os estudos linguístico-históricos no Brasil não se limitaram a produzir gramáticas históricas e outras obras de síntese da história da língua. As sucessivas gerações de filólogos, como mostram as retrospectivas anteriormente mencionadas, se dedicaram também a outras modalidades de estudo de interesse linguístico-histórico como edições críticas de textos antigos (Magne, 1944; Cunha, 1970, por exemplo); a apresentação das fontes e características do chamado latim vulgar (Silva Neto, 1956; Maurer Jr., 1959); a análise de fatos isolados da língua atual sempre referidos ao uso clássico ou antigo (eram, em geral, trabalhos esparsos depois reunidos posteriormente em livro – Said Ali, 1908; Nascentes, 1939; Silveira Bueno, 1946, entre vários outros); e dicionários (com especial destaque para o *Dicionário etimológico da língua portuguesa* organizado por Antenor Nascentes e publicado em 1932).

Nossos filólogos se dedicaram igualmente à produção de manuais didáticos para iniciação nos estudos filológicos (Melo, 1957 [1949]; Silva Neto, 1952-1957; e Nascentes, 1954), além de escreverem gramáticas expositivo-normativas (Ribeiro, 1887; Pereira, 1907; Jucá (filho), 1943; Cunha, 1970, entre várias outras), se envolveram com a grande questão da língua portuguesa no/do Brasil, ainda tão atual e candente entre nós (Monteiro, 1931, 1958; Melo, 1971 [1946]; Silva Neto, 1952-1957; Elia, 1979).

Nesse sentido, fizeram os primeiros estudos dialetológicos como *O dialeto caipira*, de Amadeu Amaral (1920); e *O linguajar carioca*, de Antenor Nascentes (1922); ocuparam-se com diretrizes para o estudo do português no/do Brasil; e, por fim, enfrentaram o debate sobre a própria natureza da língua, defendendo, quase em uníssono, ser ela a mesma de Portugal, embora com características específicas – o famoso e reiterado *slogan* da unidade na diversidade – como veremos adiante.[18]

Antes de tratarmos deste último tópico, há um aspecto que merece ser considerado ainda com base no texto de Pacheco da Silva Jr. Trata-se das denominações da "*sciencia da linguagem*" e da delimitação de seu objeto que oscilaram praticamente até as décadas de 1950 e 1960.[19]

Como vimos, Pacheco da Silva Jr. preferia os termos *Glótica* ou *Glotologia* para designar a (nova) ciência da linguagem de base histórico-comparativa. Fez, em nota de rodapé (1878: XXIV), um interessante comentário sobre isso, dizendo:

> Para exprimir a sciencia da linguagem preferimos as denominações da glottica ou glottologia, posto que não hajam ainda recebido a sancção do uso, á de philologia comparada ou á de linguistica, que além de tudo tem contra si o hybridismo da fórma.

Deduz-se daí que as denominações oscilavam entre Glótica, Glotologia, Filologia Comparada e Linguística (esta, como observa Rosa Virgínia, não precisava ser adjetivada porque, na época, era unicamente histórica – cf.

Mattos e Silva, 1999b: 149). No andar da carruagem, veremos que, progressivamente, o termo *Linguística* será adotado e definido pelos filólogos não mais como equivalente dos demais, mas em contraste com eles.

Pacheco Jr. acrescentava, na mesma nota e seguindo Georg Curtius (em *Philologie und Sprachwissenschaft,* de 1862), o conceito de *philologia* como "*sciencia de uma civilização antiga*". Isso porque, no corpo do texto a que apensou a nota, defendia a importância do estudo da Filologia a par do estudo da Glótica.

Esta última, em seu entendimento, era uma ciência analítica, exata, de caráter absoluto e de essência natural, enquanto a filologia era ciência puramente histórica e, segundo Schleicher, estudaria as línguas "*para chegar ao conhecimento da essencia integral das nacionalidades*". E completava Pacheco da Silva Jr. (1878: XXIV-XXV):

> A philologia ensina-nos a conhecer tudo quanto respeita a civilisação de um povo – religião, usos, costumes civis, politicos e militares, instituições, arte e literatura, a sua mythologia, superstições, archeologia, geographia, ethnographia, influencia das invasões e conquistas; o organismo da lingua em todas ou algumas phases da sua vida, as suas evoluções e as leis que a ellas presidiram. Abrange as diversas relações de uma lingua – etymologia, lexicologia, grammatica, formação, desenvolvimento, filiação, critica litteraria, etc.

Ficamos, então, com a impressão de que a Filologia era tida como uma megaciência que recortava para si como objeto o todo da civilização de um povo, incluindo sua língua. Em outros termos e pela forma como o estudo da língua está aí referido, intui-se que a Glotologia seria parte da Filologia – embora ciências de caráter distinto, uma histórica e outra exata, natural; ou, mais provavelmente, Pacheco da Silva Jr. entendia que a Filologia aproveitaria os resultados da Glotologia no cumprimento de sua ampla tarefa de "*conhecer tudo quanto respeita a civilisação de um povo*".

Ainda em 1938, 60 anos depois de Pacheco da Silva Jr., pode-se notar, nos *Pontos de gramática histórica* de Ismael de Lima Coutinho (1900-1965), a permanência da oscilação de nomenclatura e objeto.

Coutinho apresenta a Glotologia como "*a ciência que estuda a origem e o desenvolvimento da linguagem*" (1974 [1938]: 15) e acrescenta o seguinte comentário: "*Esta denominação é italiana. Os franceses preferem o termo Linguística. Glótica é criação alemã. Todos estes termos já estão entre nós suficientemente consagrados*".[20]

Por outro lado, conceitua a Filologia como "*a ciência que estuda a literatura de um povo ou de uma época e a língua que lhe serviu de instrumento*" (p. 17). Restringe o vasto objeto que estava em Pacheco Jr., atrelando a Filologia exclusivamente ao estudo do texto, de sua fixação e explicação. E faz ainda menção ao nome *Filologia Comparada* para designar o estudo filológico que envolva duas ou mais línguas.

Conclui esse item de sua Introdução com a seguinte observação: "*É frequente encontrar-se empregada a palavra Filologia por Glotologia, e vice-versa. Esta confusão desaparece quando se considera que o objeto e fim destas duas ciências são diferentes*" (1878: 18). Dois itens adiante, afirma (1878: 18):

> 18. *Distinção entre a Filologia e a Glotologia.* – A Filologia visa à parte artística da linguagem; esta preocupação escapa ao domínio da Glotologia. Com efeito, a primeira tem por objeto a literatura de um povo ou de uma época; o objeto da segunda é constituído pela língua. Aquela, se estuda um idioma, é para conhecer-lhe a literatura; esta encontra a sua finalidade no próprio estudo do idioma.

E complementa (1878: 18-19) com uma citação retirada do livro de Abel Hovelacque *La Linguistique* (4. ed. – 1887):[21]

> A filologia, diz Schleicher, é uma ciência histórica, e esta ciência não pode encontrar a sua aplicação senão aí onde se está em presença de uma literatura, de uma história. Onde não há documentos, onde não há cultura literária, o filólogo nada tem que fazer; a filologia, em uma palavra, não pode exercer-se senão sobre documentos históricos. De modo inteiramente diferente se dá com a linguística, cujo objeto único é a própria língua, cujo único estudo é o exame da língua em si e por si mesma.[22]

Alguns anos depois, na *Iniciação à filologia portuguesa* de Gladstone Chaves de Melo (1917-2001), publicada em 1949 (2. ed. em 1957), já não encontramos qualquer referência à Glotologia. O autor menciona apenas a Filologia (que conceitua como o estudo científico de uma língua ou família de línguas atestadas por documentos escritos), e não a contrasta com uma ciência da linguagem cujo objeto seriam as transformações históricas por que passam as línguas (independentemente de ter ou não documentação escrita – a Glotologia ou Glótica na terminologia de Pacheco da Silva Jr. e Ismael Coutinho), mas em contraste com a Linguística, que não é apresentada como designação alternativa à Glotologia/Glótica, mas como o nome de uma ciência especulativa cujo objeto é a língua em si.

Da mesma forma, Silva Neto, em seu *Manual de filologia portuguesa*, contrastava Linguística e Filologia, mas desvinculando esta do estudo exclusivo do texto. Dizia ele (1952-1957: XII):

> A Linguística é uma ciência de princípios gerais, aplicáveis a qualquer língua [...]. A Filologia, sim, encerra todos os estudos possíveis acerca de uma língua ou grupo de línguas [...] dizemos todos os estudos possíveis, porque, como se sabe, a Filologia na Antiguidade era o estudo dos textos; hoje porém, com o desenvolvimento científico, ela abrange os assuntos puramente sincrônicos, isto é, descrições de estado de língua.

Em sua concepção, a Linguística seria uma ciência geral (princípios aplicáveis a qualquer língua) e a Filologia seria uma ciência particular (o estudo de uma língua ou grupo de línguas – daí suas tradicionais qualificações: Filologia *portuguesa* e Filologia *românica*, por exemplo), não restrita, porém, à documentação escrita. De certa forma, na concepção de Silva Neto, a Filologia é uma espécie de megaciência, não mais tendo por objeto o todo de uma civilização, mas "*todos os estudos possíveis acerca de uma língua ou grupo de línguas*".

Como resultado da expansão dos estudos estruturais (sincrônicos), nota-se aí, em obras da metade do século XX, que, além das costumeiras oscilações terminológicas e conceituais, estava havendo uma reformatação geral de nomes e objetos na área dos estudos da linguagem verbal.

Interessante ainda observar que, quando se criaram, na década de 1930, as primeiras Faculdades de Filosofia, Ciências e Letras e se deu estatuto universitário ao estudo da(s) língua(s) e literaturas, ficou corrente a designação de *Filologia Portuguesa* (comum entre os estudioso portugueses desde o início do século XX) para a matéria que englobava todo o conteúdo (fundamentalmente de natureza linguístico-histórica) que estava recoberto pela oscilação de nomenclatura que vinha desde o século XIX.

Quando, já na década de 1980, se retomaram, sob a ótica da Sociolinguística laboviana e do Gerativismo chomskyano, os estudos linguístico-históricos, seus praticantes, para designar a área de estudos da antiga Glótica/Glotologia, deram curso à expressão *Linguística Histórica*, mais corrente, naquelas alturas, nos contextos universitários europeus e norte-americanos, embora já presente anteriormente no nosso meio (cf. Maurer Jr., 1967).

Pacheco da Silva Jr. não conceituou Gramática Histórica. Identificava seu livro como de *Glótica*, notando que esta "*proclamara a existencia da* vida da linguagem". O objeto seria, portanto, as transformações por que passa a língua nos diferentes períodos de sua vida.

Nos autores posteriores de gramáticas históricas, encontraremos uma preocupação em dar-lhes uma conceituação específica. Assim, Eduardo Carlos Pereira (1855-1923), assumindo também uma perspectiva naturalista da história da língua, dirá, na sua *Gramática Histórica*, publicada em 1916, que a Gramática histórica é a biografia da língua (1916/1919: III) e "*estuda a origem e evolução de uma língua no tempo e no espaço*" (1916/1919: 13).

Said Ali, pelo modo como compôs sua *Gramática Histórica* (reunião de dois livros anteriores), acabou por não conceituar Gramática Histórica, só o fazendo no início de sua *Gramática secundária da língua portuguesa* (1923): "*Gramática histórica é aquela que estuda a evolução dos diversos fatos da língua desde sua origem até à época presente*" (1964 [1923]: 15). No geral, Said Ali não se estendeu sobre suas concepções mais teóricas. No "Prólogo" à *Lexeologia* (reproduzido na *Gramática histórica*) mostrou-se não adepto do naturalismo estrito de seus predecessores ao afirmar (p. 7):

> Não dissocio do homem pensante e da sua psicologia as alterações por que passou a linguagem em tantos séculos. É a psicologia elemento essencial e indispensável à investigação de pontos obscuros. As mesmas leis fonéticas seriam inexistentes sem os processos da memória e da analogia. Até o esquecimento, a memória negativa, é fator, e dos mais importantes, na evolução e progresso de qualquer idioma.

Ismael de Lima Coutinho (1974 [1938]: 13), por sua vez, dirá que Gramática Histórica "*é a ciência que estuda os fatos de uma língua, no seu desenvolvimento sucessivo, desde a origem até a época atual*". Não inclui aí uma asserção de base fortemente naturalista, mas a revela, alguns parágrafos a frente, quando acrescenta que as transformações "*não se deram por acaso, não foram produzidas pela moda ou capricho, mas obedeceram a tendências naturais, a hábitos fonéticos espontâneos*".

Desse modo, a Gramática Histórica "*não é uma ciência inteiramente autônoma, mas está subordinada à Glotologia, em cujas conclusões deve basear seus princípios*" (p. 14), ou seja, entende esta última como uma ciência geral (que estuda os princípios gerais da mudança linguística) e a Gramática Histórica como uma ciência particular (que estuda a história de uma língua específica).

Cândido Jucá (filho), por sua vez, sem dedicar espaço às suas concepções teóricas, apresentava assim seu livro (1945: 5):

> Este livro, que se intitula *Gramática Histórica do Português Contemporâneo,* destina-se principalmente a investigar as origens dos Fatos que constituem nossa língua atual. Estuda a filiação do Português ao Latim Vulgar da Lusitânia, o qual era por sua vez uma evolução do Latim Vulgar de Roma, língua antiga, e que se não confunde com o Latim Literário, ou Latim propriamente dito.

Revisitada essa questão de nomenclatura e objeto, cumpre-nos direcionar a exposição para o último tópico, qual seja, as relações dos nossos filólogos com a história da língua portuguesa do/no Brasil.

A primeira observação que merece destaque diz respeito ao fato de que as sucessivas gerações de filólogos brasileiros não se dedicaram propriamente à história interna da língua do/no Brasil. Dedicaram partes de seus livros apenas a aspectos da história externa ou social.

As discussões de história interna com que se envolveram focavam aspectos da história geral da língua. Eventuais mudanças que teriam ocorrido ou estavam ocorrendo no Brasil não constituíam de fato objeto de especial atenção, o que é perfeitamente compreensível se pensarmos que a preocupação central dos nossos filólogos foi sempre a defesa da tese de que a língua do Brasil era a mesma língua de Portugal, apenas com pequenas diferenças relacionadas "*ao nosso gênio e as necessidades da nossa civilização*" (Monteiro, 1958: 59).

O mesmo filólogo dirá, na sequência desse seu texto: "*Aqui recebeu recursos novos, com que se opulentou; aqui apresentará modalidades de expressão diversas das que são mais frequentes no uso atual de portugueses. Mas ninguém provará que tenha deixado de ser a língua portuguesa*".

Está aí uma espécie de síntese de tudo que se disse nas décadas anteriores por praticamente a totalidade dos nossos filólogos. Não havia muito o que discutir sobre a língua do/no Brasil: a língua de cá era a mesma que a de lá.

Alguns reconheceram que, de cada lado do Atlântico, a língua tinha conhecido diferentes processos históricos. Eduardo Carlos Pereira (1916), por exemplo, foi, talvez, quem explicitou com mais clareza esse ponto de vista. Partia ele, em sua exposição do tema (cf. 1933 [1916]: 187-190), de considerações gerais, notando que todas as línguas vivem em perpétuo movimento e que é do seu gênio o diversificar-se constantemente. Voltava-se, em seguida, para a história do português e dizia que a língua havia se bifurcado quatrocentos anos antes, acrescentando (p. 195):

> Quatro seculos são passados de uma dupla evolução, e, a esta hora, apresenta a lingua, na historia de sua dialectação divergente, o aspecto de um amplo triangulo cujo apice attinge o seculo XVI, e a cujos pontos extremos da base correspondem já apreciaveis differenciações dialectaes. Deste ponto de vista, apresentam-se o fallar brasileiro e o lusitano como um duplo aspecto da evolução divergente do portuguez quinhentista, e, não raro, se descobrem, como adeante mostraremos, em nossos habitos prosodicos, vestigios quinhentistas, que em Portugal se perderam.
>
> No lexico, na prosodia e na syntaxe vão se accentuando as linhas divisorias entre o portuguez do Brasil e o de Portugal.

Apresentava alguns exemplos das diferenças para, no entanto, concluir que, apesar das evoluções divergentes, "*a lingua portugueza continuará a ser o vínculo moral entre os dois povos irmãos*" (p. 198); "*são indoles diversas em um destino commum*" (p. 198).

Na maior parte dos textos, essa questão da unidade não passava efetivamente de declarações retóricas, sem maiores preocupações com a demonstração empírica da tese. Os filólogos a assumiam como uma obviedade absoluta. É exemplar desse discurso o de João Ribeiro nas primeiras páginas do seu *Língua nacional* (1979 [1921]: 59): asseverava a unidade, não obstante as diferenças ("*Sem dúvida alguma, a nossa língua é a portuguesa, mas enriquecida e adaptada ao novo e longínquo ambiente a que veio respirar*"), sem, no entanto, se preocupar em demonstrá-la empiricamente. Reconhecia que "*a nossa gramática não pode ser inteiramente a mesma dos portugueses*" porque "*as diferenciações regionais reclamam estilo e método diversos*". Por isso também afirmava: "*Falar diferentemente não é falar errado*" (1979 [1921]: 51).

Defendia que os brasileiros tinham direito à independência da linguagem (porque a língua não pode ser imobilizada), mas não esclarecia o que significaria tal independência. Ao que tudo indica (cf. 1979 [1921]: 44), a entendia como relacionada ao fato (e apenas a ele) de que "*estávamos, estamos e estaremos sempre a diferenciar e a integrar o nosso vocabulário e os nossos modismos idiomáticos*".

Estaria, pois, no léxico e nas frases feitas (assunto extensivamente discutido no referido livro) o enriquecimento e adaptação da língua "*ao novo e longínquo ambiente a que veio respirar*". Contudo, nada que ultrapassasse esse limite seria admissível (cf. 1979 [1921]: 45): "[o livro] A língua nacional *não era nem podia ser um incitamento aos solecismos, às geringonças plebeias e rústicas. Era, apenas, a consciência de que podemos, sem dissipação do patrimônio avito, gastar e valorizar a herança fecunda*".

Em suma, perpassavam o discurso de João Ribeiro os velhos dilemas que atormentavam nossos intelectuais do século XIX (cf. Faraco, 2008: cap. 2): o português do Brasil é diferente, mas é igual ao de Portugal; as diferenças enriquecem a língua aqui, mas há limites nesse enriquecimento: nada de "*incitamento aos solecismos, às geringonças plebeias e rústicas*"; ou como tinha dito Alencar antes (apud Pinto, 1978: 148): "*Não se pretende que toda a inovação seja boa – defende-se a ideia do progresso da língua, não o abuso que a acompanha*". Ou ainda, no arrazoado de Machado de Assis, no *Instinto de nacionalidade* (1873), que reconhecia que as línguas mudam com o tempo e é, por isso, descabido querer que a "*nossa pare no século de quinhentos*", e não aceitar que a sua transplantação para a América lhe tenha inserido riquezas pela decisiva "*influência do povo*". No entanto, é indispensável garantir que as inovações não ultrapassem "*as leis da sintaxe e a essencial pureza do idioma*" (seja lá o que isso signifique).

Silva Neto (1952-1957) e Chaves de Melo (1971 [1946]) foram além de meras asserções retóricas gerais. Preocuparam-se em dar algum sustento empírico à tese da unidade na diversidade. Dizia o primeiro (1952-1957: 20-21):

> É claro, todavia, que temos de levar em conta a existência de um padrão culto brasileiro que, embora dentro da língua portuguesa, difere do de além-mar. Isso quer dizer que a língua comum, que é um tipo superior de expressão, apresenta, no domínio linguístico português duas variedades: a europeia e a americana
>
> É inegável, porém, que constituímos uma estrutura linguística comum e que, em consequência, fazemos parte do mesmo domínio linguístico, aliás ainda mais vasto, pois engloba territórios de África e de Ásia. As palavras fundamentais – nomes de partes do corpo, de parentesco, os numerais, os verbos que indicam as ações essenciais à vida, as partículas – são todas de boa cepa lusitana. As flexões são idênticas: morfemas de número (o-s); de gênero (o-a); de grau (-simo); as desinências pessoais e temporais dos verbos não diferem cá e lá. A estrutura da frase é fundamentalmente a mesma.
>
> Em suma: o material linguístico é tão brasileiro quanto português. nele expressam-se todos os seres, de todas as educações. Nele vazam-se as obras escritas – desde a prosa artística até os manuais técnicos.

Os nossos filólogos, portanto, reconheciam, como não podiam deixar de fazer, as diferenças fonético-fonológicas entre Brasil e Portugal, mas faziam questão de destacar a unidade dos processos morfológicos (salvo pequenas diferenças como o sempre incansavelmente citado uso do gerúndio onde portugueses usam o infinitivo – *estou cantando/estou a cantar*); coletavam o que consideravam "*brasileirismos*" lexicais (embora na continuidade se tenham revistos muitos casos, quando vários dos termos foram descobertos em textos clássicos da língua ou em estudos dialetológicos de Portugal, fato que reforçou a argumentação em favor da unidade); destacavam a incorporação de vocabulário de origem indígena e africana (mas sempre negando qualquer outra influência dessas línguas no português daqui – cf. Silva Neto, 1952-1957: 115-116); e não deixavam de listar esparsa e aleatoriamente alguns dos nossos "*vícios*" de linguagem (quase sempre os mesmos de autor para autor).[23] Nenhuma das diferenças eventualmente identificadas, contudo, servia para enfraquecer o pressuposto geral de que se tratava sempre da mesma língua.

Nesse sentido, uma questão que irritava particularmente os filólogos brasileiros eram afirmações de seus pares portugueses de que a língua falada no Brasil era um *dialeto* do português. Isso sem mencionar o (terrível) juízo de Gonçalves Viana (1910) de que as construções sintáticas e pronúncias brasileiras que se afastavam das de Portugal eram crioulas, motivadas pelas influências de língua tupi.[24]

Obviamente, os filólogos (como Adolfo Coelho, Gonçalves Viana e Leite de Vasconcelos) que, em Portugal, falavam do português do Brasil nas últimas décadas do século XIX e primeiras do XX nunca tinham estado aqui e pouco sabiam de fato da realidade linguística brasileira. Falavam de ouvir dizer, mas falavam *ex-cathedra*. E, ao classificar a língua do Brasil como um *dialeto,* causavam inevitável furor do lado de cá, porque o termo, conceitualmente sempre muito impreciso, carregava sentidos negativos que feriam nossos brios.[25] Desse modo, dizer que a língua falada no Brasil era um (acrescentemos: mero ou reles) *dialeto* era inaceitável para uma intelectualidade que se acreditava altamente civilizada pelos vínculos que fazia força por manter com a cultura europeia.

Em 1880, Pacheco da Silva Jr., em artigo intitulado "O dialeto brazileiro", publicado na *Revista Brasileira* (n. 5, p. 487-495), assim se manifestava (p. 487):

> Escreveu um litterato portuguez que a lingua falada no Brazil era um dialecto portuguez, e tanto bastou para que – sem maior exame – com esta opinião coincidisse a dos escriptores que se lhe seguiram. E o séstro de repetir alheios juizos sem a devida averiguação foi causa delles tambem desacertarem.

E dava o mote de seu artigo: "*E será o portuguez no Brasil fórma inferior do falado em Portugal? Certo que não*".

Analisava, em seguida, algumas diferenças de pronúncia e vocabulário entre Brasil e Portugal para mostrar que as nossas particularidades não justificariam considerar a língua do Brasil um "dialeto" português.

No fundo, seu artigo é uma síntese da exposição que tinha feito, dois anos antes, na sua *Grammatica historica,* sobre questões dialetais de Portugal e do Brasil apenas para mostrar que a (mesma) língua varia no espaço e na vida social. Não deixava de apontar que alguns aspectos particulares da língua no Brasil "*são apenas ostensivos na conversação familiar e alguns só na da plebe, e que nunca se encontram em nossos escriptores, a não ser, excusado era accrescentar, os que o uso sanccionou e são necessarios*" (p. 150).

A estrutura socioeconômica do país era, obviamente, um grande transtorno para nossa intelectualidade do século XIX pensar a realidade linguística brasileira.[26]

Da economia escravista e da pesada divisão social que ela implicava, resultava uma forte polarização linguística: o português da elite branca e intelectualizada não era, claro, o português da massa de escravos, mestiços e brancos pobres. Assim, para sustentar que a língua de cá era a mesma que a de lá, era preciso realizar, já de início, um corte radical, excluindo da discussão e análise as falas populares.

Por outro lado, se parte da intelectualidade vinculada ao Romantismo quis valorizar o que sentia como próprio do português do Brasil (já excluídas as manifestações do "vulgo") e propôs em seu projeto estético um "*abrasileiramento*" da expressão literária (Alencar em especial),[27] as críticas de intelectuais portugueses, que passaram a apontar "*erros*" e estilo "*desleixado*" nos escritores brasileiros, acabaram não por ferir nossos brios nacionalistas, mas por motivar uma forte reação purista que se manifestou principalmente a partir da década de 1880.

Foi nela que tomou corpo, por exemplo, a famigerada questão da colocação dos pronomes oblíquos, que tanta tinta fez correr pelas décadas seguintes (e que, de certa forma, tendo se espraiado pelo senso comum, ainda hoje está atravessada nas nossas gargantas); e foi nela que o Brasil – não por acaso – se tornou o maior centro produtor de gramáticas da língua portuguesa.

Embora algumas destas (a de Júlio Ribeiro ou a de Maximino Maciel, por exemplo) asseverassem que seu fim não era estipular normas de correção, na prática todas elas contribuíam para isso. Por mais "*científicas*" que se proclamassem, sempre acabavam por incluir enunciados normativos e nunca deixavam de listar nossos "*vícios*" de linguagem (os mesmos de sempre). Participavam, portanto, do esforço purista de policiamento da língua, seja no ensino, seja no uso escrito em geral.

Finalmente, na virada do século, a reação purista alcançará seu clímax com a polêmica de Rui Barbosa e Ernesto Carneiro Ribeiro a propósito da redação do Código Civil. Centenas e centenas de páginas em que não se discutiram os conceitos e as normas jurídicas, mas uma interminável coleção de questiúnculas gramaticais que, um século e tanto depois, ainda reverberam, espantosamente, no nosso discurso gramatical "*curto*".

Nossa cultura filológica foi, portanto, navegando entre os dilemas e paradoxos que a realidade social e linguística do Brasil lhe impunha sem encontrar meios para dissolvê-los. Ao mesmo tempo em que se aferrava à ideia de que o português do Brasil é o mesmo que o de Portugal, precisava condenar o português do "*vulgo*" (o "*linguajar do povo inculto*") sem deixar de listar os "*vícios*" de linguagem que não eram identificados como próprios do "*vulgo*", mas correntes entre os "*cultos*". Um impasse que nenhum filólogo conseguiu resolver adequadamente. Se são "*erros*" de todos (principalmente dos "*cultos*"), são, de fato, "*erros*"? Continua conosco essa questão. Trata-se de uma legítima aporia?

Nossas sucessivas gerações de filólogos, portanto, não viram necessidade de estudar a história interna do português no Brasil. Como dissemos, escreveram basicamente sobre a história externa; preocuparam-se em listar peculiaridades de pronúncia e vocabulário (os famosos *brasileirismos*); apontaram a importância de se fazerem estudos dialetológicos para identificar as particularidades regionais; destacaram sempre o fato de o português do Brasil guardar características do português dos séculos XV e XVI (um galardão conservador assumido como nobilitante); e listaram o que consideravam nossos "*vícios*" de linguagem.

Assim, podemos dizer que tinha razão Rosa Virgínia (Mattos e Silva, 1999c) quando apontava que a retomada dos estudos linguístico-históricos no Brasil tinha a especial característica de se voltarem para o português brasileiro, "*não só aqueles que do presente olham o passado, mas também aqueles que do passado olham o presente e até mesmo aqueles que, fixando-se em uma sincronia passada, não ignoram, como referência, o presente*" (p. 148).

Essa é, então, a grande novidade dos estudos linguístico-históricos nas últimas três décadas no Brasil: elucidar a história do português do/no Brasil – a sócio-história e a história gramatical. Por isso, Rosa Virgínia entendia que a retomada dos estudos linguístico-históricos no Brasil não se devia apenas a pressões de modelos externos, mas principalmente ao interesse de se deslindar sincrônica e historicamente a língua que falamos.

E encerrava assim seu texto (Mattos e Silva, 1999c: 165-166):

> [...] os estudos histórico-diacrônicos hoje no Brasil [...] se direcionam, prioritariamente, em direção ao português brasileiro, não só aqueles que, analisando o presente se voltam para o passado para uma melhor compreensão da variação ou mudança em tempo aparente, como fazem os sociolinguistas; mas também aqueles que, gerativistas diacronistas ou descritivistas, partem do passado em direção ao português contemporâneo e mesmo aqueles que, fixando-se em sincronia passada, tomam como referência o presente. Se teorias linguísticas vindas de fora favorecem este novo e renovado fluxo de estudos histórico-diacrônicos no Brasil, o problema – o português brasileiro – a ser melhor compreendido e explicitado, se apresenta como um terreno propício, motivador para o desenvolvimento da Linguística Histórica *stricto sensu* e *lato sensu* em nosso país.

Em consequência disso tudo, a autora prenunciava que com esses novos caminhos "*pode-se pensar na futura composição de uma reescrita da História da Língua Portuguesa*" (p. 161) – projeto a que certamente chegaremos nas próximas décadas.

NOTAS

1 O texto da edição original, da qual retiramos os trechos citados, está disponível em formato digital na página da Biblioteca Nacional de Portugal no endereço <www.bnportugal.pt> (consultada em 12 mar. 2010). Em todas as citações que fazemos neste artigo, respeitamos a ortografia do original dos textos.

2 A relação português/galego nem sempre foi muito clara antes ou depois de Nunes de Leão. Quando o tema voltou à pauta científica no século XIX, os brios nacionalistas de intelectuais portugueses motivaram (para "esquecimento" das origens da língua de Portugal) criativas fantasias terminológicas como *português arcaico* e *galego-português* para se referir à língua dos séculos iniciais de seu período histórico. Nesse sentido, é curioso registrar que no livro *Syntaxe e grammatica historica da lingua portugueza,* publicado em Porto Alegre em 1909 e assinado apenas com as iniciais P. S., o autor (que se revelava, no geral, muito bem informado sobre os estudos histórico-comparativos e de filologia portuguesa) não adotou esses termos, mas dizia (p. 216): "*A primeira phase é constituida pelo dialecto gallego, do qual o portuguez se foi differenciando sempre mais, de modo que já no século 15 se apresenta como lingua propria*"; e um pouco adiante (p. 219): "*O portuguez apresenta o desenvolvimento ulterior do gallego, com que ao principio coincidia*".

[3] Estamos citando o texto de Woolard pela edição digital. As posições indicativas correspondem ao formato do texto no Kindle para iPad, tamanho grande, mancha média e fonte Bookerly.

[4] *"what we find in the language of the prophecy is the most certain, the truest and at the same time one of the most honorable things that we could ask for our nation, the antiquity of its language", which "we can say is the same as that of one thousand, one thousand and five hundred, years ago".*

[5] Texto citado aqui a partir da edição de 1606, digitalizada pela Biblioteca Nacional de España e disponível no endereço <bdh-rd.bne.es>.

[6] Este livro está também digitalizado pela da Biblioteca Nacional de España (<bdh-rd.bne.es>).

[7] *"inglorious outrage against the Spanish nation."*

[8] Os trechos citados foram retirados da edição original, que se encontra digitalizada na página da Biblioteca Nacional de Portugal (<www.bnportugal.pt>).

[9] A metáfora do "gênio da língua" foi introduzida em discussões sobre questões linguísticas no século XVII e foi de amplo uso nos séculos seguintes. Em meados do século XIX, Francisco Evaristo Leoni publicou, em 1858, um livro de grande sucesso precisamente com o título *Genio da lingua portugueza.* A metáfora teve vida longa e ainda vai aparecer em textos do século XX. Para um estudo da história desta metáfora, cf. Schlaps (2004).

[10] As citações foram retiradas da edição original disponível em formato digital na página da Biblioteca Nacional de Portugal (<www.bnportugal.pt>).

[11] Em seu livro *Promptuario do escriptor portuguez*, publicado em 1887, Pacheco da Silva Jr. se identificou como o introdutor no Brasil dos estudos histórico-comparativos. Dizia ele (1887: 13): *"Tenho para mim que os estudos das linguas vivas devem ser feitos á luz da historia e da comparação; fui o primeiro entre nós a levantar o brado em favor da grammatica historica e dos estudos philologicos".*

[12] Em Portugal, a primeira obra a ter *gramática histórica* no título só apareceu em 1900 – *Grammática histórica da língua portuguêsa,* escrita pelo professor da Universidade de Coimbra António Garcia Ribeiro Vasconcellos e destinada ao ensino dos liceus. No "Prólogo", o autor dizia que seu trabalho tinha "*pelo menos, o mérito de ser o primeiro que no seu género sai a lume em Portugal*" (1900: 6). No mesmo "Prólogo", fazia referência a autores que haviam escrito gramáticas históricas do francês e arrolava os principais filólogos de seu tempo. Não fez, porém, nenhuma referência ao livro de Pacheco da Silva Jr.

[13] Relevante também lembrar que o importante trabalho histórico-descritivo de Maurer Jr. sobre o infinitivo flexionado foi publicado em 1968, embora gestado na década anterior como comprovam as primeiras publicações do autor sobre o assunto, datadas de 1951 e 1957.

[14] Para uma retrospectiva dos estudos de Linguística Histórica depois de sua retomada no Brasil, ver Mattos e Silva (1999) e Faraco (2009); para uma retrospectiva da retomada dos estudos de Filologia na década de 1990, ver Megale e Cambraia (1999).

[15] Uma das primeiras obras do gênero *gramática histórica* apareceu na França em 1867 – *Grammaire historique de la langue française*, de autoria de Auguste Brachet (1844-1898). Antes dela, foi publicada em 1863 a *Histoire de la langue française,* escrita por Émile Littré. Eram ambas conhecidas de nossos filólogos. Pacheco da Silva Jr., por exemplo, cita o trabalho de Littré (1878: 66) e o de Brachet (1878: 113).

[16] Silva Neto dizia, em seu "Prefácio" à *História da língua portuguesa,* que não se deve confundir a *história da língua* com a *gramática histórica*, o que o levava a afirmar (1952-1957: 9-10): "*Impõe-se, dessa maneira, a substituição da gramática histórica, maciça, algébrica e seca, por uma vasta síntese em que se faça, não a história de uma língua como algo abstrato e imóvel, mas através da história dos homens que, com ela, e por meio dela, têm exprimido seus sentimentos*". A propósito dessas afirmações, vale mencionar a distinção que Rosa Virgínia (Mattos e Silva, 1999c: 151) propôs entre uma Linguística Histórica *lato sensu* (todo estudo de uma língua "*que inclui descrições e interpretações sincrônicas datadas e localizadas*"); Linguística Histórica *stricto sensu* ("*que se concentra na mudança linguística no tempo, levando em consideração fatores intralinguísticos ou estruturais e fatores extralinguísticos ou sócio-históricos*") e Linguística Diacrônica ("*que, tratando da mudança no tempo, se concentra no sistema ou na gramática*"). Aproximando os dois autores, pode-se dizer que a Linguística Histórica *stricto sensu* corresponde à história da língua no sentido defendido por Silva Neto, e a Linguística Diacrônica corresponde à gramática histórica "*maciça, algébrica e seca*".

[17] Acrescente-se a esses três o livro *História sociopolítica da língua portuguesa* (Faraco, 2016). Trata-se de uma discussão da história da língua por um viés fundamentalmente político.

[18] Em razão desse compromisso com a unidade na diversidade, os nossos filólogos foram severos críticos dos que defenderam, nas décadas de 1930 e 1940, a tese da *língua brasileira* (ver, em especial, Elia, 1961 [1940]; Melo, 1971 [1946]; Silva Neto, 1952-1957).

[19] Altman (2004b) faz um amplo e detalhado estudo dessa questão.

[20] Interessante observar de passagem que, em texto escrito por Bréal em 1864 e citado por Pacheco da Silva Jr. (1878: XXIV), a denominação utilizada foi *philologie comparée*.

[21] Este livro foi muitas vezes citado no Brasil até meados do século XX. A edição de 1877 foi leitura de Pacheco da Silva Jr. à qual se refere em sua *Grammatica historica*.

[22] A afirmação de que a ciência da linguagem (independentemente do nome por que seja designada) tem como único objeto a língua e a estuda em si e por si mesma apareceu pela primeira vez no prefácio da *Gramática comparada* (1833), de Franz Bopp ("*As línguas de que trata esta obra são estudadas por si mesmas, ou seja, como objeto, e não como meio de conhecimento*"); e, depois, voltou, levemente reformatado, no fecho do *Curso de linguística geral* (1916) de Saussure ("*a Linguística tem por único e verdadeiro objeto a língua considerada em si mesma e por si mesma*").

[23] Alguns filólogos deram-se ao trabalho de demonstrar que alguns desses "vícios" eram construções correntes no português medieval e clássico. No entanto, nem assim admitiram a possibilidade de sua aceitação. É exemplo claro disso a exposição que se lê em Coutinho (1974 [1938]: 337-341), que se encerra com a paradoxal afirmação (p. 341): "*Não pretendemos defender, nem inculcar como correta a nossa prática*".

[24] Afirmação que se lê no livro *Palestras filológicas* (1910: 52 e 132).

[25] Muito se debateu o sentido de *dialeto* entre os nossos filólogos. Alguns, apontando um sentido "neutro" (digamos assim), procuravam justificar seu uso para identificar o português do Brasil (cf., por exemplo, Silveira, 1972 [1923]: 280). No entanto, em geral, recusava-se seu emprego.

[26] Note-se, porém, que, um século e tanto depois, alterado em muitos aspectos o quadro socioeconômico, a dificuldade de pensar a realidade linguística brasileira continua ainda presente em nossos meios intelectualizados.

[27] A linguagem de Alencar foi, depois, esmiuçada por filólogos como Melo (1951) e Silva Neto (1952-1957: 210-233), buscando demonstrar que nosso grande prosador romântico não se afastou de fato do português europeu e escreveu "*português de lei*". De certa forma, trataram do mesmo modo a questão da língua do Modernismo de 1922 (embora neste caso tenham feito ressalvas às "*incorreções*" ou, mais suavemente, "*ao conceito de correção da língua*" de certos escritores – cf. Silva Neto, 1952-1957: 224). Tanto em relação aos escritores do Romantismo, quanto do Modernismo, nossos filólogos procuraram minimizar o alcance dos projetos de abrasileirar nossa expressão literária sempre no esforço de defender a unidade linguística entre Brasil e Portugal.

PÁGINAS DE HISTÓRIA DA TERMINOLOGIA RELATIVA AO PORTUGUÊS BRASILEIRO

Olga Coelho
Wellington Santos da Silva

SUMÁRIO

APRESENTAÇÃO

Neste texto, aponta-se o conjunto de formas preferenciais de nomeação do português brasileiro (PB) ao longo do tempo. O levantamento dessa terminologia foi feito em produção linguística tomada, em diferentes revisões históricas, como relevante para o processo paulatino de constituição da língua como objeto particular de estudo – processo mais ou menos coincidente com seu aparecimento como realidade linguística mais claramente perceptível. Foram utilizados como fontes os trabalhos constantes das bibliografias do Projeto Documenta Gramática et Historiae: Português (Coelho, 2010-2014), que reúne as gramáticas não históricas da língua portuguesa, do século XVI ao XIX; da *Nova gramática do português brasileiro* (Castilho, 2010) e das dissertações e teses sobre o PB desenvolvidas pelos pesquisadores do Centro de Documentação em Historiografia Linguística (CEDOCH) do Departamento de Linguística da Universidade de São Paulo (USP).

Inicialmente, realizou-se um exame exaustivo dos títulos desses trabalhos; em seguida, foi feita uma análise daqueles que mais frequentemente são mencionados na historiografia do tema, levando em conta, além dos termos empregados para designar o PB, aspectos como orientação teórica, visão sobre o PB, tipos de dados linguísticos (variedade; nível de articulação; registros), perspectiva (sincrônica ou diacrônica), metodologia, contexto acadêmico de produção. A análise procurou, assim, contextualizar o uso dos termos, ainda que os textos oferecessem, o mais das vezes, informações lacunosas e fragmentadas. Não se trata, pois, de uma historiografia (também a ser feita) dos diferentes tratamentos recebidos pelo PB ao longo do tempo, mas sim de uma investigação inicial sobre quando, como e em que contextos surgiram os termos mais comumente adotados para referi-lo, desde o século XVI até o século XXI.

A avaliação dos títulos de obras do século XVI até o XVIII, em Portugal, revelou a ausência de especificação das variedades da língua portuguesa em uso nas colônias, entre elas, o Brasil. Não foram encontrados nomes nem indicação de características particulares dessas variedades, provavelmente porque elas não se distinguiam de modo acentuado.

No século XIX, parte da produção linguística brasileira passa a se interessar pela variedade local e a empregar termos específicos para nomeá-la. O problema de como chamar a língua usada no Brasil surge, portanto, nesse momento, e sua discussão é muitas vezes animada por argumentos relativos à autonomia literária e cultural do país (cf. Pinto, 1978, 1981). Os trabalhos privilegiam o léxico e a fonética, embora nas gramáticas do final do século haja outros níveis linguísticos sendo convocados para a caracterização do PB. Os estudos são predominantemente sincrônicos, embora, de modo esparso, apareçam comentários sobre fases anteriores de desenvolvimento do português e, eventualmente, esboços etimológicos de itens do "vocabulário brasileiro". Ao longo daquele século, termos muito variados, como "língua nacional", "brasileiro", "língua brasileira", "luso-brasileiro", "dialeto brasileiro", "português do Brasil", se alternaram, mais ou menos aleatoriamente, em diferentes décadas, autores, e mesmo em obras de um mesmo autor, sugerindo forte instabilidade na concepção do objeto.

Os séculos XX e XXI, por sua vez, vão testemunhar duas tendências em choque: uma primeira, de negação do processo de constituição do PB, tal como vinha sendo assinalado em estudos do final do século XIX e do começo do século XX. Essa negação se dá em trabalhos de renomados filólogos de meados do século XX, como Sílvio Elia, Gladstone Chaves de Melo e Serafim da Silva Neto. Munidos principalmente de achados da Filologia Românica, em geral, e da Portuguesa, em particular, apresentarão argumentos linguísticos (que raramente chegarão à sintaxe) e sócio-históricos em favor da conhecida tese da "unidade na diversidade" entre o PB e o PE (português europeu), e reforçarão a interpretação (já difundida em gramáticas brasileiras do século XIX) de que traços muito particulares dos falares locais seriam erros ou então arcaísmos que, por diferentes razões, teriam se mantido em ambientes como os rurais, por exemplo, menos afetados por forças padronizadoras. Essa visão justificou a defesa de uma Dialetologia/Geografia Linguística (v. Silva Neto, 1957a [1955], entre outros) apta a alimentar investidas mais bem fundamentadas na reconstrução da história da língua portuguesa – projeto que não chega a se concretizar no período.

Esses autores usam preferencialmente as expressões "língua portuguesa no Brasil", "português no Brasil" e "português do Brasil", enfatizando a unidade linguística entre Brasil e Portugal. Quando retomam alguns dos termos oitocentistas, como "brasileiro", "língua brasileira", "língua nacional", é, em geral, para desautorizá-los: seriam reflexos incontestes de estudos apressados sobre a formação histórica da língua, às vezes conduzidos com o olhar supostamente embaçado por ideologias nacionalistas.

Uma segunda tendência, que começa a esboçar-se em torno de 1970, é a de busca e tratamento mais acurados de dados, tendo em vista uma definição mais abalizada da estrutura, das matrizes de formação e do desenvolvimento histórico da língua portuguesa no Brasil. A linguagem falada emerge como objeto legítimo, assim como as variedades urbanas. Teorias e métodos apropriados aos estudos morfossintáticos e também textuais vão permitir detalhados reexames empíricos da língua, em perspectiva sincrônica e diacrônica.

Esse processo de paulatina verticalização das pesquisas vai desembocar, em poucos anos, na demonstração da existência de uma gramática do PB.

Essa segunda tendência tem sido reforçada neste começo de século XXI, que continua a acumular uma considerável quantidade de correlações e de dados habilitados a retirar a discussão sobre o PB do campo fragmentário e impressionístico em que ela por vezes foi colocada no século XIX e no começo do XX.

Do ponto de vista terminológico, despontam, sucessivamente, como mais comuns e produtivos no contexto dessa segunda onda, os termos "português do Brasil" e "português brasileiro". Além disso, a sigla "PB", que inicialmente foi empregada apenas como forma de notação sintética de "português do Brasil" ou de "português brasileiro", ganha a função de termo relativamente autônomo mais atualmente.

Nesse percurso, nota-se com clareza a diminuição do número de termos aceitos como adequados: se no século XIX foi possível encontrar mais de 20 formas de referência ao PB em um mesmo autor, nos séculos XX e XXI apenas duas, ao lado de uma sigla coringa, parecem resistir como aceitáveis no contexto da pesquisa em Linguística. Isso provavelmente sinaliza algum nível de estabilização do PB como um objeto empírico.

Nas seções seguintes, procura-se oferecer descrição mais detalhada desses movimentos.

FASE 1: DE "DIALETO BRASILEIRO" A "PORTUGUÊS DO BRASIL"

No século XIX, os estudos linguísticos que trataram do PB privilegiaram o léxico e a fonética (cf. Pinto, 1978; Coelho, 2008; entre outros), talvez pela maior transparência dessas duas esferas da língua, talvez em função dos modelos disponíveis para o trabalho errático dos amantes das Letras no Brasil do período. Autodidatas em Filologia e Glotologia, e sem espaço institucional de atuação, desenvolviam investigações e estudos em meio a outros afazeres profissionais.

Têm-se como fontes mais explícitas da tentativa de caracterização e estudo de uma variedade brasileira do português nesse período certos vocabulários regionais (tais como o do Ceará, de Nogueira (1887), e os do Rio Grande do Sul, de Coruja (1852) e Romaguera Correa (1898)); alguns dicionários "brasileiros" (tais como Rubim (1853), Macedo Soares (1889) e Beaurepaire-Rohan (1889)), e outros estudos do léxico, publicados como opúsculos ou como artigos em jornais e revistas (tais como os de Macedo Soares (1874-1891)).

No entanto, sobretudo quando o século começa a se aproximar do final, passam a surgir, em gramáticas (não históricas) "da língua portuguesa" publicadas no país, listas e comentários acerca de "brasileirismos" e/ou de características de um então preferencialmente chamado "dialeto brasileiro". Essas listas e comentários acolhem os já bastante difundidos dados fonéticos e lexicais, mas também incluem dados morfossintáticos.

Nessas gramáticas, a expressão "dialeto brasileiro" é usada com relativa consistência e sob declarada inspiração no filólogo português Francisco Adolfo Coelho, que distinguiu o brasileiro como um dos cinco dialetos resultantes do processo de dialetação da língua portuguesa ao expandir-se por diferentes espaços geográficos e contextos étnicos e culturais.

Muitas dessas obras do final do século procuravam seguir o programa elaborado por Fausto Barreto em 1887 para o estudo de Língua Portuguesa no Colégio Pedro II. No programa, estão discriminados, como tópicos necessários, o estudo dos "dialetos" da língua e de "brasileirismos".

Essa mescla do prestígio do filólogo português com a aparente intenção de normatização dos instrumentos de ensino impõe, assim, não só a obrigatoriedade de tratamento de características do PB nas modernas gramáticas do período, mas também o enfoque a ser adotado (os "brasileirismos" são fundamentalmente concebidos como erros) e o uso do termo "dialeto brasileiro", com o qual alguns não concordavam.

No mesmo período, "dialeto brasileiro" tem largo uso também nos escritos de Antônio de Macedo Soares, um dos mais empolgados com a discussão do tema da autonomia do PB com base em dados lexicais.

O "dialeto brasileiro" em gramáticas do século XIX

Conforme se desenrola o século XIX, os gramáticos brasileiros parecem se tornar cada vez mais conscientes da existência de algum nível de diferenciação entre o PB e o PE. Assim, vê-se que os textos publicados no início do século não demonstram especial interesse pelo tema: o *Epítome* de Morais Silva (1806), por exemplo, apresenta uma única menção explícita a um uso não lusitano ("das Colonias");[1] as gramáticas de Coruja (1835) e de Sotero dos Reis (1866) não mencionam usos brasileiros. Com efeito, como está demonstrado em Coelho, Danna e Polachini (2014), a identificação explícita de usos brasileiros começa a aparecer em maior volume (embora pouco significativo em relação ao volume de dados "da língua portuguesa") nos textos gramaticais publicados mais proximamente ao final do século. Nas obras que circulam a partir de 1877, são registradas certas peculiaridades; nas editadas a partir de 1887, alinhadas às temáticas constantes do programa de Barreto, aumenta discretamente o conjunto de aspectos analisados. Coelho, Danna e Polachini (2014) apontam ainda que o nível sintático se apresentou como aquele em que se registraram mais fenômenos caracterizados como do PB em gramáticas. As autoras diferenciaram ocorrências (o número de exemplos citados) de fenômenos (a questão linguística posta em destaque). Isso permitiu observar que as eventualmente longas listagens de itens lexicais correspondiam a exemplos sobre um único fenômeno, como a polissemia ou a incorporação de itens de origem africana e indígena ao PB; na mesma direção, as autoras notaram que há muitos exemplos fonéticos referentes a grau de abertura de vogais ou a processos de apagamento de consoantes. No caso das questões sintáticas, há um número bem menor de exemplos apresentados, porém o elenco de fenômenos mencionados é maior do que o de fenômenos lexicais e fonéticos. Coelho e Danna (2015) mostram que muitas das observações sobre a sintaxe do PB nesses textos dizem respeito aos paradigmas pronominais, que de fato estão em convulsão no período. Esse seria um dos eixos para a revitalização dos estudos diacrônicos nos anos 1980 e uma das portas de entrada para o estudo da estrutura do PB como língua, já discretamente entreaberta por Mattoso Câmara em texto de 1957. A ampliação significativa da quantidade de fenômenos estudados, alguns mais complexos, como o uso de relativas copiadoras, permite afirmar que os textos gramaticais do final do século XIX lançaram um olhar mais abrangente que o dos lexicógrafos (ao lidar com todos os níveis linguísticos, não só fonético e léxico) e mais bem treinado (isto é, mais apto a identificar processos menos evidentes no emergente PB).

Seguem alguns destaques:

- Em Ribeiro (1881), a primeira gramática "científica" brasileira, não há uma seção voltada para a caracterização do "dialeto brasileiro", como passará a haver em outras gramáticas de destaque publicadas a partir de 1887. No entanto, o autor já emprega a expressão "dialeto brasileiro" ao tratar de usos locais. Boa parte do que identifica como linguagem brasileira é aproximada dos primeiros estágios da língua em Portugal, do latim e de outras línguas românicas. A visão geral parece ser a de que a língua é a mesma no Brasil e em Portugal, mas há usos tradicionais (e às vezes tidos como incorretos) preservados apenas no Brasil.
- Em Pacheco da Silva Jr. e Lameira (1887), é defendida a ideia de que as divergências do PB em relação ao PE são pequenas e reservadas à linguagem familiar, à literária e à do povo. Optam por "dialeto brasileiro".
- Em João Ribeiro (1889), há uma breve apresentação de cada um dos cinco dialetos coloniais do PE, tal como discriminados por Adolfo Coelho, na qual o autor diz onde são falados e que *status* têm em seus países. Apesar de apresentar essa classificação, o autor hesita em adotar o termo "dialeto":

> O dialecto brazileiro – o impropriamente chamado dialecto é constituido pela linguagem portugueza falada no Brazil. Distingue-se por differenças notaveis de prosodia e de syntaxe, por um vocabulario novo de termos tupis-guaranis e africanos. A reacção litteraria de dous seculos nunca pôde obstar nem diminuir a dialectação do portuguez do Brazil. (Ribeiro, 1889: 306).

Ao que parece, a elaboração de gramáticas impunha a adoção de "dialeto brasileiro", dentro de um contexto em que se tomava o glotólogo português como indiscutível autoridade e em que talvez se tentasse estabelecer uma nomenclatura gramatical com algum nível de padronização, diante do aumento vertiginoso do número de manuais dessa natureza publicados no final do século (cf. Polachini, 2013). No trecho, como se vê, "dialeto brasileiro" concorre com "linguagem portuguesa falada no Brasil" e "português do Brasil", justamente por causa da imprecisão identificada pelo autor.

João Ribeiro é dos autores que mais insistem na perspectiva histórica ao lidar com o PB, recorrendo quase sempre aos estágios de formação do PE, ao latim e a comparações com outras línguas românicas; procura, assim, conferir legitimidade e naturalidade, em consonância com a Linguística de seu tempo, às mudanças que identifica. Esse gramático parece, também, o mais convencido sobre a importância das distinções já então observáveis entre o PB e o PE, como vai explicitar em outros estudos, do século XIX e também do XX.

- Em Carneiro Ribeiro (1890), a visão sobre a língua explicitamente posta é equivalente à de Ribeiro (1881) e Pacheco da Silva Jr. e Lameira (1887), isto é, o português é caracterizado como uno no Brasil e em Portugal, mas haveria, no Brasil, certos modos de dizer particulares. Esses modos de dizer comporiam aquilo que é preferencialmente denominado "idioma brasileiro" pelo autor baiano, para quem toda língua teria alguns "idiomas", isto é, algumas variedades minimamente diferenciadas entre si. Essa noção de idioma aparecerá também Paranhos da Silva (1879) e (1880), textos em que, respectivamente, se apontam distinções e se propõe a adoção de uma ortografia brasileira, de base fonética.

- Para Maximino Maciel (1902 [1894]: 325),

> [...] O brazileiro que se fala no Brazil e se revela no uso de termos exclusivamente brazileiros e em certos processos de construcção irregular, proprios dos brazileiros, principalmente no tracto familiar, ex.: *estar na janela, isto é para para mim ver, vi elle entrar, a pessoa que eu falei com ella, tem missa hoje.*

A gramática de Maciel menciona fenômenos não identificados em outros textos do período (como a regularização de formas do subjuntivo ("eu estudava, si *podesse*") e o uso de relativas copiadoras ("*a pessoa que eu falei com ella*"), e os apresenta despretensiosamente, tomando-os como comuns no "trato familiar".

As gramáticas mais relevantes do período registram um aparente consenso: o PE, sob novas influências naturais e sociais, alterava-se, um pouco, no Brasil. As alterações atingiriam a fonética, o léxico e a gramática.

Existe alguma oscilação entre os termos "brasileiro", "linguagem brasileira" e "dialeto brasileiro", sendo que este último vai se firmando como denominação preferencial a partir do momento em que se tenta normatizar a produção de gramáticas escolares no país, isto é, em torno de 1880. Há uma ocorrência de "português do Brasil" em João Ribeiro (1889 [1887]), que também em textos ensaísticos enxergou como relevantes certas diferenciações entre o PB e o PE.

Mas as gramáticas não foram o lugar mais privilegiado para o tratamento da questão. Ela foi tomada como central em um conjunto de textos lexicográficos voltados para o exame do vocabulário de províncias, e em dicionários "brasileiros", interessados em coletar e descrever o léxico exclusivo do país.

O "dialeto brasileiro" em estudos lexicais do século XIX

Entre as décadas de 1850 e 1890, foram publicadas obras especificamente dirigidas à descrição do léxico brasileiro. Como já se mencionou, há obras que se apresentam como sínteses gerais – o *Vocabulário brasileiro para servir de complemento aos dicionários da língua portuguesa*, de Brás da

Costa Rubim (1817-1871); o *Diccionario brasileiro da língua portuguesa*, de Antônio Joaquim de Macedo Soares (1838-1905), e o *Dicionário de vocábulos brasileiros,* do Visconde Henrique de Beaurepaire-Rohan (1812-1894) –, e outras que enfocam particularidades regionais (por exemplo, o *Vocabulário indígena de uso na província do Ceará, com explicações etimológicas, ortográficas, topográficas, históricas*, de Paulino Nogueira, o *Vocabulário sul-riograndense*, de Romaguera J. Correa, e a *Collecção de vocábulos e frases usados na província de São Pedro do Rio Grande do Sul*, de Antônio Álvares Pereira Coruja). A esses textos juntam-se artigos e trabalhos monográficos, de caráter mais reflexivo, entre os quais se destacam novamente os publicados por Macedo Soares, que foram organizados no volume póstumo *Estudos lexicográficos do dialeto brasileiro*.

Heterogêneos, os dicionários podem ou não conter notas etimológicas, ter verbetes mais descritivos ou opinativos, trazer ou não informações sobre usos (distribuição geográfica, grupos sociais, contextos). Os artigos e notas da coletânea ora acompanham a forma e o estilo dos dicionários, ora permitem a discussão de problemas teóricos, de bibliografia em circulação, de tarefas para aquela geração de estudiosos.

A produção que se volta para o léxico regional enfatiza que a diversidade linguística interna ao país enriquece o PB. Não se distingue uma variedade brasileira em relação a uma lusitana; apenas se salienta que a língua portuguesa estaria sendo enriquecida por empréstimos lexicais de línguas indígenas, africanas e do espanhol. Ao que parece, a visão é de que esses contatos linguísticos afetariam apenas o vocabulário e algo do sotaque, mas os autores não desenvolvem reflexões alongadas sobre o problema. “língua portuguesa” é o termo mais empregado.

Também é assim quando se examinam os títulos dos três dicionários gerais mencionados. Rubim e Beaurepaire-Rohan reforçam a visão de unificação da língua portuguesa no interior da obra: Rubim afirma no prólogo que seu trabalho “[...] *compreende um grande número de vocábulos usados no Brasil, e que se não encontram nos dicionários* ***da nossa língua*** [...]”. Beaurepaire-Rohan considera que os vocábulos que reuniu são muito específicos (topônimos, nomes de tribos indígenas, plantas e animais) e que, por serem pitorescos e de “etimologia tão rica de poesia”, poderiam ser mais usados nos textos literários brasileiros. Já Macedo Soares, apesar de intitular sua obra *Dicionário brasileiro da língua portuguesa*, sinaliza, em muitas passagens desse e de outros textos, a compreensão de que há um processo de separação entre o PB e o PE em curso, tendo o léxico como o principal motor.

Mas há muita hesitação e contradição em suas palavras, registradas em pelo menos 17 anos (contados entre as datas de publicação do primeiro e do último texto) de dedicação ao tema. Em meio a esse vaivém, cunha diversas expressões de referência ao PB; nos *Estudos lexicográficos do dialeto brasileiro*, publicados entre 1874 e 1891, contam-se as seguintes: "dialeto brasileiro", "português do Brasil", "linguagem nacional", "língua brasileira", "português falado no Brasil", "português que se fala hoje no Brasil", "luso-brasileiro", "nosso dialeto", "língua pátria", "dialeto luso-brasileiro", "português da América", "nossa atual linguagem", "brasileiro", "língua portuguesa que se fala no Brasil", "linguagem cá da Terra", "nossa língua", "dialeto nacional", "língua de cá", "língua do Brasil", "língua portuguesa falada no Brasil".

"Dialeto brasileiro" é o termo mais usado, talvez devido às mesmas coerções por que aparentemente passavam os gramáticos contemporâneos, já que, tal como João Ribeiro, Macedo Soares não se mostra seguro quanto à sua adequação. No artigo "Sobre algumas palavras africanas introduzidas no português que se fala hoje no Brasil", publicado pela primeira vez na *Revista Brasileira*, em 1880, o autor expõe suas dúvidas terminológicas:

> Temos muitas vezes, no correr deste escrito, falado em dialeto brasileiro. Cumpre observar que não apuramos o valor científico da palavra dialeto. Se entendemos por dialeto a linguagem derivada da língua geral de uma nação e particular a uma cidade ou província, o brasileiro não é dialeto do português. Por outro lado, a expressão língua brasileira nos parece demasiado pretensiosa, se se quer com ela distinguir o português falado no Brasil, modificado pelo clima, pela natureza ambiente, pela influência dos elementos africano e indiano, das relações comerciais, etc. do português falado em Portugal. Empregamos como mais modesta a outra expressão, que é ao mesmo tempo menos incorreta, e dá bem a entender que nos referimos ao movimento que visivelmente se está operando na linguagem nacional. (Macedo Soares, 1942 [1875-1891]: 73)

Para Macedo Soares, estaria em curso uma evolução histórica em direção ao abrasileiramento. Lembra-nos Elia (1961 [1940]: 89) que essa era, em relação ao PB, a posição *"da fina flor da Linguística de então: Pott, Duval, Schleicher, Rufino José Cuervo, Francisco Adolfo Coelho"*.

Nos materiais do século XIX que examinamos, é apenas em Macedo Soares e em João Ribeiro que ocorre "português do Brasil". A expressão será retomada, até onde pudemos investigar, por Renato Mendonça e Plínio Ayrosa nos anos 1930.

FASE 2: "LÍNGUA PORTUGUESA NO BRASIL", "PORTUGUÊS NO BRASIL", "PORTUGUÊS DO BRASIL", "PORTUGUÊS BRASILEIRO"

O começo do século XX assiste a uma retomada, em termos alegadamente mais científicos, do estudo de particularidades do PB. São desenvolvidas monografias sobre dialetos de localidades brasileiras, como as de Amadeu Amaral (1920), Antenor Nascentes (1922), Solidônio Leite (1922), Raul Pederneiras (1922), Dante Laytano (1936), Mário Marroquim (1934), Luiz Carlos de Morais (1935), Teixeira (1938), e também novos estudos sobre o PB, em suas oposições e afinidades com o PE, tais como os de Ribeiro (1921), Xavier Marques (1933), Jucá Filho (1937), Plínio Ayrosa (1936), Eugênio de Castro (1937), João Leda (1939), Clóvis Monteiro (1952 [1931]), Renato Mendonça (1933 e 1936), Arthur Neiva (1940).

Nos estudos voltados para a dialetação interna ao PB, o termo "dialeto" se emprega para referir variedades regionais e não o PB como um todo. Essa produção ressalta dados fonéticos, faz as tradicionais menções a empréstimos vocabulares de línguas indígenas e africanas e algumas referências a fenômenos morfológicos (emprego do presente pelo futuro, por exemplo) e sintáticos (colocação pronominal, regência verbal).

Nesse início de século XX, encontramos em Renato Mendonça o uso mais consistente de "português do Brasil", nos estudos *O português do Brasil: origem, evolução, tendências* (1936) e *A influência africana no português do Brasil* (1935 [1933]). O termo já havia aparecido, no *corpus*, em Macedo Soares e João Ribeiro, no século XIX, e aparecerá também em Plínio Ayrosa

(1936), contemporaneamente a Mendonça. Parece que ele marca uma posição mais inclinada a acolher como razoável a ideia de que o PB de fato tinha características particulares ou em processo de particularização.

Após essa fase de grande interesse pela língua falada no Brasil e por suas variedades, mais adiante no século, no contexto de fundação das primeiras faculdades de Letras (v. Altman, 2004a), parece ocorrer um esforço no sentido do enfraquecimento da argumentação mais favorável ao reconhecimento do PB como (relativamente) autônomo do PE. A autoridade de jovens catedráticos como Serafim da Silva Neto (em *Introdução ao estudo da língua portuguesa no Brasil*), Sílvio Elia (*O problema da língua brasileira*), Gladstone Chaves de Melo (*A língua do Brasil*), para tomarmos três exemplos de destaque, desqualifica ou minimiza a alegada diferença, por eles às vezes reconhecida apenas em falares rurais mais conservadores, ou no "estilo" literário nacional. Também relativizam a algumas vezes ressaltada, em textos anteriores a 1940, influência indígena ou africana no PB.

Na perspectiva desses filólogos, haveria uma perene comunhão entre brasileiros e portugueses ("povos irmãos"), a qual, além de estar atestada no domínio linguístico, deveria ser reforçada no âmbito dos estudos da linguagem, como se pode ver nas seguintes palavras de Serafim da Silva Neto, no prólogo do primeiro número da *Revista Brasileira de Filologia*:

> A *Revista Brasileira de Filologia* deseja contribuir para o desenvolvimento dos estudos científicos da língua portuguesa, encarada, naturalmente, no grupo das línguas românicas e nas suas relações com as demais Ciências do Homem.
>
> Pretende ainda ser um elo a mais a prender Portugal e Brasil na investigação de um bem que lhes é hoje propriedade comum: deseja constituir um modesto, mas fraternal ponto de encontro entre filólogos d'aquém e d'além mar. (Silva Neto, 1955: 1)

Nesse contexto, são reforçados os usos de "língua portuguesa", "língua portuguesa *no* Brasil", "português *no* Brasil", referindo um todo unificado no Brasil e em Portugal. "Língua brasileira", "língua nacional" e "língua do Brasil" são, em geral, formas de referência a concepções consideradas ultrapassadas da língua nesse período de forte desenvolvimento da Filologia e de primeira emergência da Linguística, com Mattoso Câmara.

Seguem-se alguns destaques:

Silva Neto, ao tratar da "língua portuguesa *no* Brasil", parece querer mostrar que, embora esteja lidando com uma variedade regional específica, toma-a como componente de uma unidade, subsumida pelo termo "língua portuguesa". Conforme a análise de Silva (2016) indica, tal unidade parece ser evidenciada no conceito de *língua transplantada*: tomando como ponto de partida a ideia da filiação latina do português, o autor (1950) entende que os fenômenos de mudança dessa língua, bem como os da sua contraparte *transplantada* (a variedade brasileira), deveriam refletir a trajetória das línguas românicas, de tal modo que, em muitos aspectos, o PB (língua conservadora) figuraria como um estado de língua intermediário entre o português do século XVI e o PE moderno, ao qual, dentro da hipótese da *deriva*, que o autor empresta e adapta de Sapir, o PB poderia chegar em algum momento.

O termo privilegiado em Silva Neto (1963 [1950]) é "língua portuguesa no Brasil". Contudo, ocorrem também as expressões "português do Brasil" e "português brasileiro", como na seguinte passagem:

> No português brasileiro não há, positivamente, influência de línguas africanas e ameríndias. O que há é cicatrizes da tosca aprendizagem que da língua portuguesa, por causa de sua mísera condição social, fizeram os negros e os índios (1963 [1950]: 107).

No *corpus* analisado, é em Silva Neto (1963 [1950]) que se encontra pela primeira vez "português brasileiro". De todo modo, como se nota na citação da obra, mesmo utilizando termos como "português brasileiro" e "português do Brasil", o filólogo parece estar se referindo àquela "língua conservadora".

Silva Neto (1963 [1950]) interpreta dados de vários dialetos regionais do Brasil. Por hipótese, esses falares regionais seriam diferentes da "língua comum" – idêntica em Portugal e no Brasil – e, por isso, mereceriam investigação mais detalhada, que talvez pudesse iluminar a pesquisa histórica. Contudo, o autor salienta o caráter temporário desses traços regionais, que seriam eliminados, por exemplo, por meio do reaportuguesamento proporcionado pela escolarização. Dessa maneira, vê-se que não há reconhecimento de um PB essencialmente diferente do PE.

Em obra publicada em 1979, que retoma aspectos de sua primeira aproximação do tema em 1940, Sílvio Elia também rejeita a ideia de uma língua portuguesa do Brasil diferente da de Portugal. Não obstante admitir a existência de um conjunto de falares que comporiam a chamada "realidade linguística brasileira", Elia (1979: 18), tal como Silva Neto, defende a superioridade e a "vitória" da "língua portuguesa no Brasil". A obra apresenta os seguintes termos: "língua portuguesa no Brasil", "língua comum aos povos brasileiro e português", "língua nacional brasileira", "português do Brasil" e "língua portuguesa do Brasil". Nenhum deles tem por função fundamentar uma perspectiva que individualiza, em algum nível, o PB.

Em vista dessa postura comum aos atores de maior destaque no cenário acadêmico brasileiro, a questão da nomeação da língua falada no Brasil aos poucos vai assumir um lugar secundário. Ela aparecerá colateralmente inserida em discussões mais amplas e quase sempre em discursos de "correção" de equívocos cometidos em passado ainda recente. Nesse espírito, por exemplo, Barbosa Lima Sobrinho traz a lume o livro *A língua portuguesa e a unidade do Brasil*, que, na discussão inicial sobre existência ou não de uma "língua brasileira", revisita o problema considerado histórico da natureza e da nomeação da língua.

Pode-se tomar o período em torno dos anos 1960 como de transição: com a publicação de trabalhos mais densos como os de Silva Neto e o início da entrada da Linguística estrutural no país – por caminhos que por vezes se desencontram –, passam a ser delineadas com mais clareza, de um lado, tarefas relativas à descrição da língua e de suas variedades, e, de outro lado, a necessidade de reconstrução, em bases mais seguras, de sua história.

Nesse contexto de transição, um dos primeiros exercícios destinados à verticalização da pesquisa é feito por Joaquim Mattoso Câmara Jr. (1975a [1957]), que analisa o uso do pronome *ele* na função sintática de acusativo como um traço característico do "português do Brasil". O autor salienta que, do ponto de vista da norma gramatical, esse tipo de construção seria considerado incorreto, mas, por vezes, aparecia em textos literários, como uma forma de representar a fala do povo nos diálogos. Segundo ele, em sua época tal variante já estaria presente em todos os níveis sociais do PB oral, e estaria sujeita apenas à coerção situacional. Segundo Câmara Jr. (1975a [1957]: 48) seria um traço característico do "português do Brasil" porque, no PE, quando não se encontra em posição de sujeito, "ele" só apareceria em contextos tônicos quando precedido por preposição. Assim, o autor argumenta que o "português do Brasil" teria sofrido uma "inovação de estrutura", uma vez que, passando a uma forma sintaticamente invariável, "ele" teria sido dissociado do sistema de casos dos pronomes pessoais. Em sua visão, tais traços do "português do Brasil" já estavam prefigurados na estrutura do "português", por assim dizer, original: "*Condições específicas do português do Brasil favoreceram, pois, uma profunda evolução morfológica, que estava estruturalmente prefigurada no sistema pronominal do português*" (Câmara Jr., 1975a [1957]: 52-53). O autor não pretende dar a trajetória histórica dessa mudança no "português do Brasil", mas sim em mostrar que, em sincronia, haveria dois sistemas funcionando de maneiras diferentes em relação a esse aspecto. Diferentemente do que se viu em Silva Neto, no trabalho de Câmara Jr. (1975a [1957]) parece haver o apontamento de diferenças relevantes entre o "PB" e o PE, razão pela qual, além do primeiro termo, aparecem: "português brasileiro", "língua oral do Brasil" e "português popular do Brasil".

Em outra frente, herdeira das propostas da Dialetologia/Geografia Linguística difundida a partir do final dos anos 1950, a introdução do *Atlas prévio dos falares baianos* (1963), de Nelson Rossi, registra o termo "português do Brasil"; mas, ao tratar questões relativas à variação interna a essa variedade, o dialetólogo se queixa da relativa instabilidade das definições, visto que os limites linguísticos dessa variedade haviam sido propostos com base em argumentos extralinguísticos ou com base em dados linguísticos não sistematizados.

Em 1966, Aryon Dall'Igna Rodrigues (1925-2014) publicará um texto programático com diretrizes para a Linguística recém-institucionalizada no país. Dentre as tarefas propostas pelo autor, estava a de se levantar informações mais precisas sobre o "português escrito no Brasil", uma vez que ele figurava como objeto central da instrução escolar. Essa diretriz contrasta com a ideia de alguns autores que, mesmo admitindo alguma diferenciação do PB em relação ao PE no âmbito da língua falada, postulavam a total unidade da língua escrita. O termo predominante no trabalho de Rodrigues (1966) também é "português do Brasil", por meio do qual ele também chama a atenção para a premência de se estudarem os vários dialetos brasileiros, a partir de uma perspectiva descritiva, uma vez que a análise de apenas alguns deles não daria uma visão do todo, muito multifacetado.

Outra via para a verticalização paulatina dos estudos pode ser enxergada no Projeto de Estudo da Norma Linguística Urbana Culta no Brasil – mais conhecido como Projeto Nurc. De acordo com Castilho (1990: 141), num contexto em que Coseriu (1968) caracterizava a Linguística hispano-americana como mais localista do que a Linguística brasileira – uma vez que a primeira era bastante interessada nos estudos atinentes ao espanhol americano e a segunda mais preocupada com questões relacionadas à Linguística Geral –, o Projeto Nurc representava uma vertente alternativa a este alegado traço, visto que o principal interesse era conhecer a realidade linguística brasileira.

O Projeto Nurc pode ser entendido como um desdobramento do Proyecto de Estudio del Habla Culta de Las Principales Ciudades de Hispanoamérica, cujas principais diretrizes foram propostas por Juan Lope Blanch (1927-2002), com o objetivo de estudar as normas urbanas cultas das principais cidades hispano-americanas, dada a hipótese de as variedades padrão serem focos de irradiação linguística e também mostrarem as tendências evolutivas da língua (Blanch, 1990 [1967]: 169-170). Uma forte característica do projeto original é sua inclinação pedagógica: a descrição das normas urbanas poderia auxiliar no ensino de língua, uma vez que possibilitaria o estudo de normas linguísticas em uso, e não de regras gramaticais exóticas, estranhas ao falante contemporâneo.

Segundo Silva (1996: 82), desde os momentos iniciais do Proyeto da hispano-américa, já havia a intenção de efetivar a participação do Brasil, mas somente em 1968 Nélson Rossi apresentou o trabalho "O projeto de estudo da fala culta e sua execução no domínio da língua portuguesa", no IV Simpósio do Pilei (Programa Interamericano de Linguística e Ensino de Idioma). No mesmo período, Ataliba de Castilho também estudava a adaptação do Proyeto de Lope Blanch à realidade brasileira e, num trabalho publicado em 1969, ressaltava a urgência de estudos a respeito da norma linguística do português utilizado no Brasil, dos quais poderia resultar uma renovação no ensino de língua materna.

No relatório de 1968, marcando o surgimento oficial do Projeto Nurc, Nélson Rossi pondera que, ao contrário do estudo da norma nos países hispano-americanos, nos quais havia um consenso de que as variedades faladas nas capitais dariam um quadro da situação linguística do todo das nações, a eleição de uma única capital, como o Rio de Janeiro, por exemplo, não poderia funcionar, isoladamente, como uma imagem do PB. Em vista disso, o dialetólogo baiano propôs que o Nurc trabalhasse com os registros cultos de cincos capitais brasileiras (como se sabe, Recife, Salvador, Rio de Janeiro, São Paulo e Porto Alegre).

Conforme se pode ler no histórico redigido por Silva (1996), o Projeto Nurc também apresentava uma preocupação pedagógica: um dos seus pilares era promover ajustes no ensino de Língua Portuguesa no Brasil por meio da valorização das diferenças, de modo a evitar a imposição de única norma linguístico-literária. Além disso, os proponentes do Projeto alegavam que o conhecimento empírico da realidade linguística brasileira levaria ao reconhecimento de "normas linguísticas tradicionais", fazendo com que "fatos linguísticos inoperantes" deixassem de ser ensinados.

Esses são alguns exemplos de como se alteram compromissos e iniciativas no período. Depoimentos pessoais de atores de destaque nesta fase de implementação da Linguística no país, reunidos no acervo do CEDOCH e publicados em alguns dos números do *Boletim GT Historiografia da Linguística Brasileira*, destacam impasses institucionais (de atuar em ambientes acadêmicos ainda regulados pelos ditames dos filólogos), teóricos (inserir-se em novos contextos intelectuais, diante de formação inicialmente impactada pela tradição filológica luso-brasileira), metodológicos (incorporar e implementar formas novas de obtenção, tratamento e discussão de dados). Avanços nessas três dimensões vão permitir tanto a rearticulação de percursos individuais quanto a formação de gerações de novos estudiosos, instruídos na Europa e nos Estados Unidos e, pouco a pouco, afastados dos preceitos da Filologia tradicional luso-brasileira.

FASE 3: "PORTUGUÊS DO BRASIL", "PORTUGUÊS BRASILEIRO", "PB"

As questões do ensino de língua e, com elas, as da norma linguística, também parecem ter tido papel fundamental para as novas investidas sobre o estudo do PB. Como exemplo, é possível citar Mattos e Silva (1998), texto em que a autora baiana afirma ter iniciado seu enfrentamento à questão não por um direcionamento de suas pesquisas – centradas, sobretudo, no português arcaico –, mas sim como uma decorrência de sua experiência como professora de Língua Portuguesa, ao verificar as disparidades existentes entre as pretensões do modelo de ensino e o real aprendizado dos alunos.

Nesse mesmo espírito, Hildo Honório do Couto publica o livro *O que é português brasileiro* (1986), obra editada no âmbito de uma coleção chamada Primeiros Passos, que buscava introduzir os leitores nos mais variados temas – tais como Educação, Literatura Popular, Poesia etc. –, fato que sugere que a questão do PB ainda parecia não estar muito clara já nos anos 1980. Couto (1986) também aborda o tema a partir do problema da norma linguística, uma vez que, segundo ele, a gramática não consistia, de fato, numa sistematização do modo como o brasileiro utilizava a língua portuguesa. O PB apresentaria algumas diferenças em relação ao PE, sobretudo no domínio da morfologia. Uma das ideias discutidas pelo autor é a crença na superioridade linguística de Portugal, que fazia com que o PB fosse classificado como "uma deformação do português puro de Portugal" (Couto, 1986: 38), dadas as diferenças gramaticais existentes entre as duas variedades. Para o linguista, a defesa de ideias dessa natureza estava relacionada à discriminação de classes sociais, e os gramáticos que assim o faziam poderiam ser chamados de reacionários. Não obstante o caráter crítico de sua obra, Couto (1986: 44-45) procura se desvencilhar de muitos de seus predecessores, afirmando que seu interesse não era, pura e simplesmente, defender a existência de uma "língua brasileira", mas sim mostrar que o "português brasileiro" e o "português lusitano" correspondiam a duas modalidades da mesma língua, diferenciadas por especificidades nas forças e relações de produção existentes em cada um dos espaços geográficos. No que diz respeito à terminologia, Couto (1986) também apresenta alguma variação: "português brasileiro real", "língua do povo brasileiro", "português brasileiro", "língua portuguesa no Brasil".

Concretizadas algumas das principais etapas do Projeto Nurc, em 1987, Ataliba de Castilho propõe o Projeto de Gramática do Português Falado, que, fazendo uso do *corpus* constituído pelo primeiro Projeto, levaria à tentativa de construção de uma gramática de referência da variante culta do PB. No primeiro volume de ensaios dessa *Gramática*, Castilho (1990: 9) sugere que uma das motivações para o seu surgimento era a renitente necessidade de uma descrição cuidadosa do PB, baseada numa documentação solidamente estabelecida e examinada. Segundo o autor, nas décadas de 1970 e 1980, a Linguística brasileira mostrava uma tendência para preocupações sociais e políticas, o que levou à emergência de uma série de projetos que tratavam de problemas como alfabetização e ensino de língua materna. Dessa forma, é também nesse contexto de discussões sobre a norma linguística brasileira – e, consequentemente, sobre os problemas relativos ao PB – que desponta o Projeto de Gramática do Português Falado, voltada para uma descrição gramatical contemporânea, que, de acordo com Castilho (1990: 13), ressoava preocupações de estudiosos da língua inglesa e do espanhol.

Entre os anos 1980 e 2000, se aprofundam estudos relativos à constituição do "PB", seguindo orientações tais como as funcionalistas, gerativas, sociolinguísticas. A produção é imensa e são variados os temas sob análise, com destacada ênfase para os morfossintáticos.

"Português do Brasil" e "português brasileiro" aparecem, às vezes, com explícita demarcação de certo posicionamento, e outras vezes aparentemente de forma incidental, como um dos rótulos atualmente aceitos. Nos anos 2000, esses termos chegam aos instrumentos linguísticos "tradicionais", tais como o *Dicionário de usos do português do Brasil* (2002), de Borba, e a *Nova gramática do português brasileiro*, de Castilho (2010).

No que diz respeito à designação "PB", os dados examinados neste estudo parecem indicar a emergência do termo no âmbito dos estudos de Gramática Gerativa dos anos 1980. Em 1984, Charlotte Galves publica o artigo "Pronomes e categorias vazias em português do Brasil", que tinha como objetivo explicar alguns fenômenos linguísticos de um "dialeto do português". Analisados à luz do Modelo de Princípios e Parâmetros, eles evidenciavam um afastamento desse dialeto em relação ao "português de Portugal" e outras línguas românicas. De acordo com Galves (1984), alguns estudos anteriores sobre esse dialeto já vinham atestando uma assimetria entre as posições de sujeito/objeto: uma forte tendência ao preenchimento pronominal na posição de sujeito e, na oposição de objeto direto, muitas ocorrências com categoria vazia (fenômenos que iam numa direção totalmente contrária da do "português de Portugal", a que a autora se refere por meio da sigla "PP"). Além disso, outras investigações mostravam que esse mesmo dialeto, por assim dizer, dissonante, também apresentava a possibilidade de utilizar o pronome pleno *ele* em posição objetiva (possibilidade também apontada como típica do PB em Maximino Maciel (1894) e em Mattoso Câmara Jr. (1975a [1957]) e muitas ocorrências de pronome lembrete nas orações relativas – o que também anotou Maciel em 1894).

Distinguindo-se pela tentativa de explicação articulada dos fenômenos, por meio da reunião de certo número de argumentos e análises linguísticas, Galves (1984) conclui que esse dialeto dissonante estaria apresentando uma diferença paramétrica em relação ao "PP" e às demais línguas românicas, uma vez que estaria se tornando uma língua de tópico – orientada para o discurso – e também estaria passando por um processo de enfraquecimento da concordância. Por essas e outras razões, a autora aponta a necessidade de uma nova terminologia:

> Na falta de melhor denominação, chamaremos esse recorte linguístico de português do Brasil, em abreviação, PB. Na realidade esperamos que a multiplicação de trabalhos a seu respeito permita uma melhor definição desse dialeto e em última instância o reconhecimento da sua existência, coerência e legitimidade. (Galves 1984: 107)

Conforme se pode ver no trecho citado, o uso do termo "PB" vem acompanhado do apelo de Galves (1984) para estudos mais aprofundados dessa variedade. De um modo ou de outro, a diretriz proposta por Galves parece ter sido seguida por vários linguistas brasileiros, que, em meio às naturais divergências, hoje encontram uma relativa unidade na investigação do "PB" como uma língua *sui generis*.

Em bibliografia posterior se naturaliza esse uso, de modo que "PB" passa a aparecer sem antecedente na fala e às vezes também na escrita daqueles que se dedicam a seu estudo.

CONSIDERAÇÕES FINAIS

Este capítulo teve por objetivo apresentar uma historiografia incoativa dessa terminologia na Linguística brasileira. Em síntese, entre os principais termos adotados ao longo dessa ainda recente história, como se viu, estão:

- Dialeto brasileiro (emergência e uso preferencial final do século XIX);
- Português do Brasil (emergência no final do século XIX e uso preferencial a partir dos anos 1980);
- Português/língua portuguesa no Brasil (emergência no século XIX, uso preferencial entre os anos 1940 a 1960);
- Português brasileiro (emergência nos anos 1950, com descontinuidade posterior e retomada a partir dos anos 1980);
- PB (emergência nos anos 1980; uso amplo atualmente, junto a "português do Brasil" e "português Brasileiro").

Essa é uma história multifacetada, de continuidades e descontinuidades, tal como a da própria Linguística no Brasil (v. Altman, 2004a).

Como tema, o PB tem longa permanência histórica, constituindo-se objeto preferencial de estudo desde que identificado como tal. As teorias e métodos usados para investigá-lo divergem muitíssimo, levando a que também os termos para referi-lo encontrem larga variação ao longo do tempo. Em alguns casos, inclusive, termos surgem vinculados a um conjunto de ideias sobre a língua e, posteriormente, são retomados em contextos marcados por ideias radicalmente opostas às iniciais (como vimos em relação a "língua brasileira" e "português do Brasil" no século XIX e em textos filológicos de meados do século XX).

Parece que o desenvolvimento da Linguística no Brasil propiciou a consciência de que era necessário investir mais na busca de dados e em seu tratamento mais sistematizado como única forma de melhor conhecer e, assim, opinar, sobre o PB.

O processo de verticalização das pesquisas, que se inicia com a recepção do Estruturalismo, vai permitir maior investimento na apreensão de fenômenos e, com o tempo, um desbastamento do matagal terminológico que havia surgido no século XIX. Conforme se especificam e especializam os conhecimentos, se especifica e se especializa também a metalinguagem autorizada. Passa-se, assim, de uma vintena de termos a basicamente três mais amplamente empregados e aceitos como adequados (guardadas as especificações conceituais).

Não há grandes consensos na Linguística brasileira atual, como, via de regra, não há em qualquer tempo; mas talvez a grande disseminação dos termos "português do Brasil", "português brasileiro" e "PB" autorize dizer que se têm hoje ideias menos dissonantes sobre seu estatuto como fenômeno – como objeto submetido a tratamento científico, como se sabe, são outros 500.

NOTA

[1] "Quando o verbo tem um termo da sua acção, e é a primeira pessoa, ou segunda, usamos de *me*, *te;* e sendo terceira pessoa usamos de *lhe* (**b**) [...] (*b*) O caso *lhe*, *e lhes é* termo, e não paciente: *v. g.* "*tomou-lhe a noite* com historias velhas; *tomou-o* a noite ali: » I. é, sobreveyo lhe naquelle lugar. [...] Eu *lhe amo*, *lhe adoro*; ***são erros das Colonias;*** *quero-lhe como á minha vida;* ***sc. quero-lhe*** *bem*, ***como &c. é correcto***."

IN MEMORIAM

Nos últimos anos perdemos três colegas: Rosa Virgínia Mattos e Silva, Clélia Cândida Spinelli Jubran e Klebson Oliveira. Os coordenadores da série *História do Português Brasileiro* decidiram que se prestasse uma homenagem a esses colegas neste volume inaugural.

* * *

ROSA VIRGÍNIA MATTOS E SILVA

(SALVADOR, 27 DE JULHO DE 1940 – SALVADOR, 16 DE JULHO DE 2012)

Biobibliografia

Tânia Lobo
Maílson Lopes

Rosa Virgínia Mattos e Silva é uma das mais eminentes linguistas brasileiras da segunda metade do século XX e início do século XXI nos estudos de Linguística Histórica e também uma das grandes responsáveis pelo renascimento dessa Fênix no domínio da língua portuguesa.[1,2]

Extraordinária investigadora sobre temas diversos – que vão desde a aquisição do português como segunda língua pelos índios kamayurá do Alto Xingu, ao ensino de Língua Portuguesa como língua materna na realidade brasileira e, em particular, à constituição sócio-histórica do português brasileiro –, o núcleo da sua obra talvez tenha sido sempre, contudo, a descrição e a análise do português arcaico (como preferia designar, ao invés de português antigo ou medieval), tendo, por isso, sido definida pela gerativista diacronista Mary Kato, por ela considerada a maior linguista do Brasil,[3] como uma "arqueóloga estruturalista".

A convite de Ivo Castro, publicou, em Lisboa, em 2008, na coleção Filologia Portuguesa, por ele dirigida, o livro *O português arcaico, uma aproximação*, obra magna,[4] nas palavras do diretor da referida coleção da Imprensa Nacional – Casa da Moeda. Considerava, porém, o livro *Estruturas trecentistas: elementos para uma gramática do português arcaico*, lido por Fernando Tarallo "de orelha a orelha",[5] publicado em 1984, também em Lisboa, pela Imprensa Nacional – Casa da Moeda e reeditado, em edição anastática comemorativa, pela Editora da Universidade Federal da Bahia, no ano de 2010, sua principal obra.[6]

Durante quase quatro décadas, atuou ininterruptamente na Universidade Federal da Bahia, no ensino de graduação e pós-graduação, formando várias gerações de docentes pesquisadores e estruturando, em boa medida, no Brasil, a rede de acadêmicos investigadores em Linguística Histórica e história da língua portuguesa. Idealizadora, fundadora e coordenadora até a data do seu falecimento do Programa para a História da Língua Portuguesa (PROHPOR), que, em 2016 completou 25 anos, demonstrou sempre seu carisma integrador, ao ser também uma das fundadoras, no ano de 1997, do Projeto Para a História do Português Brasileiro (PHPB), coordenado nacionalmente por Ataliba T. de Castilho.

Com o objetivo de criar um repositório ou fundo digital em homenagem à sua trajetória intelectual, desenvolve-se, desde 2014, no âmbito do PROHPOR (cf. www.prohpor.org), o PROJETO *OPERA OMNIA* – ROSA VIRGÍNIA MATTOS E SILVA, cujas rotas cardeais são: (i) a disponibilização do seu espólio bibliográfico; (ii) a disponibilização dos seus manuscritos e datiloscritos, dentre os quais há material inédito; (iii) o condicionamento adequado da sua biblioteca particular e do seu epistolário; (iv) *pari passu*, o desenvolvimento de estudos analíticos e críticos sobre seu lastro bibliográfico, dos mais relevantes na historiografia linguística do país.

O traçado desta sumária biobibliografia que aqui se redige contempla duas partes: a primeira dedica-se a alguns aspectos marcantes da sua formação e trajetória acadêmica;[7] a segunda apresenta, talvez ainda não exaustivamente, sua produção científica.[8]

ANOS DE FORMAÇÃO E TRAJETÓRIA ACADÊMICA

Rosa Virgínia Mattos e Silva graduou-se em Línguas Anglo-Germânicas na Universidade Federal da Bahia, no ano de 1961. Sobre os anos iniciais de sua formação acadêmica, que se estenderam de 1958 a 1961, afirmou:

> [...] tive uma coesa preparação, dirigida pelo mestre Nelson Rossi, na Linguística de orientação histórica, que dominou a cena dos cursos de Letras no Brasil até a década de sessenta, em que História da Língua, Filologia e Dialectologia constituíram a base da minha formação profissional para o futuro. Ao finalizar a Licenciatura, na 4ª série, em 1961, o nosso grupo de colegas[9] realizou um trabalho coletivo, sob a orientação de Nelson Rossi, que resultou na edição crítica do Livro das Aves, publicada em 1965 pelo Instituto Nacional do Livro. (Mattos e Silva, 2007, "Sobre o 'Programa para a História da Língua Portuguesa' (PROHPOR) e sua inserção no Projeto Nacional 'Para a História do Português Brasileiro' (PHPB)": dados atualizados, p. 1)

De 1963 a 1965, juntamente com sua colega de graduação Dinah Maria Montenegro Isensee,[10] integrou, na recém-criada Universidade de Brasília (UnB), a primeira turma de mestrado em Letras do Brasil, tendo realizado, sob a orientação de Nelson Rossi, a edição do segundo dos quatro livros dos *Diálogos de São Gregório*, dedicado à vida de São Bento, que resultou na sua dissertação de mestrado, intitulada *O segundo livro dos Diálogos de São Gregório*: *biografia de São Bento*. Os *Diálogos de São Gregório*, o já anteriormente referido *Livro das Aves* e ainda o *Flos Sanctorum* integram o mais antigo conjunto de textos medievais existente no Brasil, conhecidos como Manuscritos Serafim da Silva Neto, datados todos do século XIV e hoje preservados no Setor de Obras Raras da Biblioteca Central da Universidade de Brasília.[11]

Em "O difícil fazer de uma edição crítica de um manuscrito medieval: relato de uma experiência", título de sua última conferência,[12] proferida na Universidade de São Paulo, em 5 de julho de 2012, por ocasião do 60º Seminário do GEL, retorna – talvez em despedida – aos anos iniciais de formação e relata:

> Em 1964 aconteceu, como sabemos, o golpe militar, para muitos, de triste memória. Alguns professores e instrutores da UnB deixaram a Universidade, por serem taxados de comunistas. O *campus* foi invadido e os pequenos apar-

> tamentos, também, à procura de armas e livros subversivos. De nosso apartamento levaram um espadachim toledano que era um marcador de livros. De nosso colega vizinho, professor de Arte, levaram armas antigas, que ele colecionava e conseguira no interior de Goiás. Depois, a maioria dos professores voltou a seus lugares de origem, entre eles Nelson Rossi, que foi um dos presos, mas nunca pertenceu a partido político. Fiquei, quase, a ver navios, ou seja, o cerrado. Consegui, contudo, uma bolsa da Fundação Gulbenkian, com o dever de depois terminá-la em Portugal. Era excepcional a Gulbenkian dar bolsas a brasileiros no Brasil. A excepcionalidade por mim conseguida aconteceu por causa de duas cartas de apresentação, a de Nelson Rossi e a do professor George Agostinho da Silva, que criava na UnB o Centro Brasileiro de Estudos Portugueses (CBEP). (Mattos e Silva, 2013, "O difícil fazer de uma edição crítica de um manuscrito medieval: relato de uma experiência", p. 672)

Cumprindo o acordado com a Fundação Calouste Gulbenkian, parte para Lisboa, onde, nos anos de 1967 e 1968, sob a orientação de Luís Filipe Lindley Cintra, se dedicou à edição integral dos *Diálogos de São Gregório*, trabalho que deu origem à sua tese de doutorado, intitulada *A mais antiga versão portuguesa dos Quatro Livros dos Diálogos de São Gregório*: *edição crítica com introdução e índice geral das palavras lexicais*, ainda hoje inédita, e defendida, alguns anos após seu retorno ao Brasil, na Universidade de São Paulo, em 1971, sob a supervisão de Isaac Nicolau Salum.

Do pós-doutorado, realizado entre 1979 e 1981, na Universidade Federal do Rio de Janeiro, sob a supervisão de Celso Cunha, resultou o livro *Estruturas trecentistas*: *elementos para uma gramática do português arcaico*, que, além de lhe ter conferido, no ano 1990, o Prêmio Pesquisador do Ano UFBA/Fundação de Apoio à Pesquisa e à Extensão, projetou sua carreira internacionalmente. Nas *Estruturas trecentistas*, divisa-se mais um aspecto da sua *"coesa preparação, dirigida pelo mestre Nelson Rossi"*: a sólida formação estruturalista. Trata-se de obra de longuíssima maturação, como o atestam suas palavras:

> Esse trabalho, iniciado em 1968, a partir de listagens mecanográficas, não eletrônicas, realizadas no antigo Centro de Cálculo Científico da Fundação Calouste-Gulbenkian de Lisboa, só veio a estar concluído em 1982 e publicado em 1989. (Mattos e Silva, 2007, "Sobre o 'Programa para a História da Língua Portuguesa' (PROHPOR) e sua inserção no Projeto Nacional 'Para a História do Português Brasileiro' (PHPB)": dados atualizados, p. 1)

Os anos em Lisboa ficaram marcados pelo convívio com Lindley Cintra, seu segundo mestre:

> No meu primeiro encontro com o professor Cintra, levei o que tinha feito no Brasil. Ficou ele com meus materiais datilografados e marcou um novo encontro. A grande decepção! Refazer a edição, que estava boa, com novos critérios editoriais, mais modernizadores. Não chorei, porque não ficava bem (Ficar bem! Uma expressão bem portuguesa). Enquanto avançava no refazimento da leitura crítica, assistia a quatro disciplinas que Cintra ministrava – Introdução aos Estudos Linguísticos, Linguística Românica, Literatura Medieval e Seminários de discussão de dissertações de licenciatura em andamento. As aulas do Professor Cintra eram de extrema clareza e simplicidade. Na primavera, tal como os antigos romanos, que saíam para aprisionar novos povos, Cintra reunia seus alunos para excursões dialetais pela região de Trás-os-Montes e [pela] região das Beiras (litoral, alta e baixa). Aprendia-se muito, não só Dialetologia, mas História, Arquitetura, enfim, cultura. (Mattos e Silva, 2013, "O difícil fazer de uma edição crítica de um manuscrito medieval: relato de uma experiência", pp. 672-673)

Ficaram aqueles anos igualmente marcados pela amizade, que perdurou ao longo de sua vida, com Maria Helena Mira Mateus, como registrou, em 2003, no depoimento "Em 1967, um encontro para sempre (evocação de uma amizade que se fez no estudo da Linguística)".

Em 1969, ano da fundação da Abralin (Associação Brasileira de Linguística), de que é sócia-fundadora, e ano seguinte ao do seu retorno ao Brasil, acompanhando seu esposo, o antropólogo indigenista português Pedro Agostinho da Silva, viverá, entre agosto e setembro, na Floresta da Lagoa Ipavu, no Alto Xingu, com os índios kamayurá. Para ir além da *"frieza das análises linguísticas"* e fruir *"o principal da experiência"*, *"o elo comum entre as diferenças, o ser humano irmanado apesar da alteridade"*, remete-se o leitor ao "Apêndice II – Notas de campo: observações diárias" do livro *Sete estudos sobre o português kamayurá*, publicado em 1988, em cuja "Apresentação" se colhe a informação de que seu primeiro projeto de pesquisa sobre a realidade linguística brasileira teria tido como foco um dos aspectos da história do contato linguístico no Brasil, a aquisição do português por populações indígenas:

> Os estudos aqui reunidos resultam de um trabalho bissexto que nas suas origens não pretendia ser assim. Quando fui para a aldeia Kamayurá em agosto de 1969, tencionava fazer observações preliminares que fundamentariam um projeto de alcance maior, com objetivo de caracterização sistemática e o mais abrangente possível do português kamayurá, desejava também estendê-lo a outros grupos indígenas do Xingu e até (sonhávamos!) a grupos de outras áreas culturais. Certamente teria sido um sonho morto ao nascer se dele não tivessem resultado, pelo menos, os sete estudos que seguem. (Mattos e Silva, 1988, *Sete estudos sobre o português kamayurá*, p. 9)

Não foi, portanto, pela via do português dos índios kamayurá ou de um projeto de pesquisa mais amplo sobre contato linguístico que se deu sua entrada na questão histórica do português brasileiro, mas, como dirá anos depois, por sua condição de professora de Língua Portuguesa (dizia que, para evitar problemas de identidade, preferia se autodefinir como professora de Língua Portuguesa, ao invés de se chamar de linguista ou filóloga...):

> [...] devo confessar que aos que me lêem que sempre tive muita cautela para enfrentar a questão histórica do português brasileiro, apesar de há muito tempo lidar com a história da língua portuguesa, sobretudo no seu primeiro período documentado, o chamado período arcaico. De fato, entrei na questão do português brasileiro por uma via que não foi consequência de projetos de pesquisa, mas sim consequência da minha já antiga experiência como professora de língua portuguesa e das perplexidades daí decorrentes, diante do que pretende, ou pretendia esse ensino, e do que os estudantes de fato dominam. (Mattos e Silva, 2004, *Ensaios para uma sócio-história do português brasileiro*, p. 45)

No ano de 1973, passou a integrar oficialmente o corpo docente da Universidade Federal da Bahia, tendo sido aprovada em primeiro lugar em concurso para provimento do cargo de professor do curso de Recuperação de Português.[13]

Destinado tal curso de "recuperação" aos estudantes de todas as áreas da UFBA que, aprovados em exame vestibular, apresentassem dificuldades quanto à expressão escrita, certamente derivaram daí suas perplexidades, que não só se consubstanciaram em reflexão, mas também na publicação, em 1995, pela Contexto, do livro *Contradições no ensino do português*: *a língua que se fala* X *a língua que se escreve* e ainda na escrita de vários artigos, reunidos, em 2004, em *O português são dois...": novas fronteiras, velhos problemas*. O início efetivo de sua atuação como docente do ensino superior[14] deu-se em paralelo à sua participação, de 1973 a 1979, como pesquisadora na equipe baiana do Projeto de Estudo da Norma Linguística Urbana Culta (Nurc). Contudo, afirmará:

> Meu interesse principal não era, de fato, o Nurc. Era e é a Linguística Histórica, no seu sentido estrito e tradicional, ou seja, o da constituição das línguas ao longo do tempo, no caso, a língua portuguesa. (Mattos e Silva, 2001, Ataliba T. de Castilho: depoimento breve, p. 112)

Do curso de Recuperação de Português, passou imediatamente à graduação em Letras, e, já no ano de 1976, quando da implantação da pós-graduação em Letras na UFBA, a atuar no curso de mestrado.

A partir da implantação do curso de doutorado, em 1996, foi sempre responsável por coordenar os "Seminários Avançados III", dedicados a apresentar e discutir teorias e métodos da Linguística moderna e contemporânea, e por ministrar duas disciplinas optativas por ela mesma criadas: "A língua portuguesa das origens ao período arcaico" e "A constituição histórica do português do Brasil".

Na pós-graduação, para além do tratamento de questões específicas atinentes à história da língua portuguesa, os cursos que ministrou ou coordenou reverberaram sempre sua constante atualização científica e, em particular, sua reflexão teórica sobre a mudança linguística, do que deu mostras, inclusive, publicando artigos – como, por exemplo, "Sobre a mudança linguística: uma revisão histórica", saído no *Boletim de Filologia*, em Lisboa, em 1982, e "Teorias da mudança linguística e a sua relação com a(s) história(s) da língua(s)", saído em *Linguística*, no Porto, em 2008 – e o livro *Caminhos da linguística histórica*: *ouvir o inaudível*, em 2008.

Essa constante busca por atualização científica também se revelou em uma faceta da sua produção bibliográfica pouco conhecida: a de redatora, nos idos anos 1970, sob a supervisão de Nelson Rossi, dos verbetes "Contacto", "Dialectologia", "Escrita – I – Princípios gerais", "Estruturalismo – I – Linguística", "Léxico", "Patologia da linguagem", "Linguismo", "Sapir", "Saussure", "Sociolinguística", "Tipologia" e "Vocábulo" para a *Enciclopédia Mirador Internacional*, editada por Antônio Houaiss.

Os anos 1990 vão ser marcados por eventos importantes na sua trajetória: a fundação do PROHPOR, a filiação do PROHPOR ao PHPB, o concurso para professor titular de Língua Portuguesa.

O núcleo inicial do grupo de pesquisa que viria a ser designado em 1991, por sugestão de Dante Lucchesi, PROHPOR foi constituído em 1990 por quatro docentes da Universidade Federal da Bahia: além da própria Rosa Virgínia Mattos e Silva, Maria do Socorro Sepúlveda Netto, sua orientanda de mestrado à época, Therezinha Maria de Mello Barreto, também sua orientanda de mestrado à época, e Sônia Bastos Borba Costa, com mestrado já concluído e também por ela orientado. Em 1991, se integraram ao grupo mais quatro pesquisadores, então docentes da Universidade Estadual de Feira de Santana e, posteriormente, da Universidade Federal da Bahia: Ilza Ribeiro, que se doutorava na Universidade Estadual de Campinas, sob a orientação de Charlotte Galves, Tânia Lobo e Dante Lucchesi, com mestrado em curso na Universidade de Lisboa, sob a orientação de Lindley Cintra e, com seu falecimento, passando a ser orientados por Rosa Virgínia Mattos e Silva, e, finalmente, Sílvia Rita Olinda, com mestrado já concluído, também orientado por Rosa Virgínia Mattos e Silva.

Em 1997, organizou com Ataliba T. de Castilho, na Universidade de São Paulo, o I Seminário Para a História do Português Brasileiro, do qual derivou o Projeto para a História do Português Brasileiro (PHPB). A seu convite, proferiu Rosa Virgínia Mattos e Silva a conferência de abertura do evento, intitulada "Ideias para a história do português brasileiro: fragmentos para uma composição posterior", publicada em 1998, no volume 1 da coleção do PHPB.

Desde 1997, portanto, deu-se a inserção do PROHPOR no PHPB, tendo Rosa Virgínia Mattos e Silva não só participado de todas as edições dos Seminários Nacionais do Projeto, mas também organizado o volume 2 da coleção do PHPB. Sem ter jamais abandonado suas investigações sobre o português arcaico, nota-se, porém, a partir da década de 1990, que sua produção passa a ter outro foco fundamental de concentração: a sócio-história do português brasileiro, que será tema, inclusive, da conferência "Uma compreensão histórica do português brasileiro: velhos problemas revisitados", proferida no seu concurso para professor titular de Língua Portuguesa da UFBA, realizado em 1999.

Em 2004, foram reunidos no livro *Ensaios para uma sócio-história do português brasileiro* nove dos seus textos sobre o tema, os quais são a seguir indicados na sequência em que foram pela primeira vez publicados:[15] 1993 – "Português brasileiro: raízes e trajetórias (para a construção de uma história)",[16] 1995 – "A sócio-história do Brasil e a heterogeneidade do português brasileiro"; 1998 – "Ideias para a história do português brasileiro: fragmentos para uma composição posterior", 2000 – "Uma interpretação para a generalizada difusão da língua portuguesa no território brasileiro", 2000 – "Uma compreensão histórica do português brasileiro: velhos problemas revisitados", 2001 – "De fontes sócio-históricas para a história social linguística do Brasil: em busca de indícios", 2002 – "Reflexões e questionamentos sobre a constituição de *corpora* para o Projeto 'Para a História do Português Brasileiro'",[17] 2004 – "O português brasileiro: sua formação na complexidade multilinguística do Brasil colonial e pós-colonial", 2004 – "Fatores sócio-históricos condicionantes na formação do português brasileiro: em questão o propalado conservadorismo da língua portuguesa no Brasil".[18]

Desse conjunto de textos, podem-se extrair ao menos as cinco seguintes proposições, que, embora, obviamente, não esgotem sua riqueza, podem servir de itinerário para a aventura de novos leitores:[19]

(1) a história linguística do Brasil não se restringe à história da língua portuguesa no Brasil, nem à história do português brasileiro;

(2) o português brasileiro emerge em contexto multilíngue: o contato linguístico é, pois, elemento constitutivo da sua formação;

(3) na cena linguística do Brasil colonial, destacam-se três atores principais: o português europeu, as línguas gerais indígenas e o português geral brasileiro, antecedente histórico do chamado português popular brasileiro;

(4) africanos e afrodescendentes foram os principais difusores da língua portuguesa no Brasil e os principais formatadores do português brasileiro em sua variante social majoritária – o chamado português popular brasileiro;

(5) o passado sócio-histórico-linguístico do Brasil deverá ser interpretado para a compreensão do português brasileiro "heterogêneo e variável, plural e polarizado" da atualidade.

Em 2009, um ano antes da sua aposentadoria, a Universidade Federal da Bahia, a Universidade do Estado da Bahia e a Universidade Estadual de Feira de Santana realizaram em sua homenagem o ROSAE – I Congresso Internacional de Linguística Histórica, evento que teve uma segunda edição, em 2011, em homenagem a Ataliba T. de Castilho, uma terceira edição, em 2015, em homenagem a Ramón Lorenzo e Antón Santamarino, e uma quarta em 2017, em homenagem a Ivo Castro.

Quando da realização do ROSAE, disse que gostaria de homenagear dois linguistas: Carlos Aberto Faraco, no Brasil, e Ana Maria Martins, em Portugal.[20] Foi pesquisadora I-A do CNPq. Após sua aposentadoria, a Universidade Federal da Bahia conferiu-lhe o título de professor emérito.

Desejava, na aposentadoria, escrever literatura...[21]

Nota:

Decidiu-se, para fins de sistematização e contrariando algumas vezes o que se apresenta no currículo Lattes de Mattos e Silva, que não se arrolarão as seções que figuram como "Apresentação" ou similares nas obras coletivas ou individuais por ela publicadas.

PRODUÇÃO CIENTÍFICA

Livros

1. MATTOS E SILVA, Rosa Virgínia; OLIVEIRA, Klebson; AMARANTE, José. *Várias navegações*: português arcaico, português brasileiro, cultura escrita no Brasil, outros estudos. Salvador: EDUFBA, 2012.
2. MATTOS E SILVA, Rosa Virgínia. *Estruturas trecentistas*: elementos para uma gramática do português arcaico. Salvador: EDUFBA, 2010 [1989].
3. MATTOS E SILVA, Rosa Virgínia. *O português arcaico*: uma aproximação. Lisboa: Imprensa Nacional – Casa da Moeda, 2008. 2 v.
4. MATTOS E SILVA, Rosa Virgínia. *Caminhos da linguística histórica*: ouvir o inaudível. São Paulo: Parábola, 2008.
5. MATTOS E SILVA, Rosa Virgínia. *O português arcaico*: fonologia, morfologia e sintaxe. São Paulo: Contexto, 2006.
6. CARDOSO, Suzana Alice Marcelino; MOTA, Jacyra Andrade; MATTOS E SILVA, Rosa Virgínia (Orgs.). *Quinhentos anos de história linguística do Brasil*. Salvador: Secretaria da Cultura e Turismo do Estado da Bahia, 2006.
7. MATTOS E SILVA, Rosa Virgínia. *"O português são dois..."*: novas fronteiras, velhos problemas. São Paulo: Parábola, 2004.

8. MATTOS E SILVA, Rosa Virgínia. *Ensaios para uma sócio-história do português brasileiro*. São Paulo: Parábola, 2004.
9. MATTOS E SILVA, Rosa Virgínia; VENÂNCIO, Américo Lopes (Orgs.). *O português quinhentista*: estudos linguísticos. Salvador: EDUFBA, 2002.
10. MATTOS E SILVA, Rosa Virgínia (Org.). *Para a história do português brasileiro*. Primeiros estudos. v. 2. São Paulo: Humanitas; Fapesp, 2001. 2 t.
11. MATTOS E SILVA, Rosa Virgínia. *A Carta de Caminha*: testemunho linguístico de 1500. Salvador: EDUFBA; UEFS; CNPq; EGBA, 1996.
12. MATTOS E SILVA, Rosa Virgínia. *Contradições no ensino do português*: a língua que se fala X a língua que se escreve. São Paulo: Contexto; Salvador: EDUFBA, 1995.
13. MATTOS E SILVA, Rosa Virgínia. *O português arcaico*: morfologia e sintaxe. São Paulo: Contexto; Salvador: EDUFBA, 1994.
14. MATTOS E SILVA, Rosa Virgínia. *O português arcaico*: fonologia. São Paulo: Contexto; Salvador: EDUFBA, 1991.
15. MATTOS E SILVA, Rosa Virgínia. *Tradição gramatical e gramática tradicional*. São Paulo: Contexto, 1989.
16. MATTOS E SILVA, Rosa Virgínia. *Estruturas trecentistas*: elementos para uma gramática do português arcaico. Lisboa: Imprensa Nacional; Casa da Moeda, 1989.
17. MATTOS E SILVA, Rosa Virgínia; SILVA, Myrian Barbosa da; ALBÁN, Maria del Rosário; AGOSTINHO, Pedro. *Sete estudos sobre o português kamayurá*. Salvador: Centro Editorial e Didático da UFBA, 1988.
18. ROSSI, Nelson (Dir.); MOTA, Jacyra Andrade; Mattos, ROSA Virgínia; SAMPAIO, Vera Lúcia. *Livro das aves*. Fragmento de uma tradução portuguêsa do séc. XIV do "De bestiis et alii rebus" do pseudo Hugo de São Victor. Introdução, texto critico, notas e glossário de Nelson Rossi, com a colaboração de Rosa Virgínia Mattos, Vera Sampaio e Jacyra Mota. Rio de Janeiro: INL, 1965.

Capítulos de livros

1. MATTOS E SILVA, Rosa Virgínia. O português do Brasil. In: Eduardo Bozaglo Paiva Raposo; Maria Fernanda Bacelar do Nascimento; Maria Antónia Coelho da Mota; Amália Mendes (Orgs.). *Gramática do português*. v. 1. Lisboa: Calouste Gulbenkian, 2013, pp. 145-154.
2. MATTOS E SILVA, Rosa Virgínia. A tessitura do léxico de uma língua histórica. In: Rosario Álvarez et al. (Eds.). *Ao sabor do texto*: estudos dedicados a Ivo Castro. Santiago de Compostela: Universidade de Santiago de Compostela, 2013, pp. 403-419.
3. MATTOS E SILVA, Rosa Virgínia. ROSAE: desvelando um dativo. In: Tânia Lobo et al (Orgs.). ROSAE: linguística histórica, história das línguas e outras histórias. Salvador: EDUFBA, 2012, pp. 25-30.
4. MATTOS E SILVA, Rosa Virgínia. Línguas pluricêntricas e a questão das línguas crioulas. In: Augusto Soares Silva et al. (Orgs.). *Línguas pluricêntricas*: variação linguística e dimensões sociolinguísticas. Braga: Publicações da Faculdade de Filosofia; Universidade de Braga, 2011, pp. 197-204.
5. MATTOS E SILVA, Rosa Virgínia. Jacyra, simplesmente Jacyra. In: Silvana Soares Costa Ribeiro; Sônia Bastos Borba Costa; Suzana Alice Marcelino Cardoso (Orgs.). *Dos sons às palavras*: nas trilhas da língua portuguesa. Homenagem a Jacyra Andrade Motta pela contribuição aos estudos dialetais brasileiros. Salvador: EDUFBA, 2009 [Depoimento].

6. MATTOS E SILVA, Rosa Virgínia; MACHADO FILHO, Américo Venâncio Lopes. Variação TER/HAVER. In: Tânia Lobo; Klebson Oliveira (Orgs.). *África à vista*: dez estudos sobre o português escrito por africanos no Brasil do século XIX. Salvador: EDUFBA, 2009, pp. 338-351.
7. MATTOS E SILVA, Rosa Virgínia; MACHADO FILHO, Américo Venâncio Lopes. Entre duas diásporas: o português e as línguas africanas no Brasil. In: Klebson Oliveira; Hirão Fernandes Cunha e Souza; Juliana Soledade (Orgs.). *Do português arcaico ao português brasileiro*: outras histórias. Salvador: EDUFBA, 2009, pp. 297-304.
8. MATTOS E SILVA, Rosa Virgínia. O conceito relativo de neologismo e arcaísmo: um estudo pancrônico. In: Klebson Oliveira; Hirão Fernandes Cunha e Souza; Juliana Soledade (Orgs.). *Do português arcaico ao português brasileiro*: outras histórias. Salvador: EDUFBA, 2009, pp. 11-20.
9. MATTOS E SILVA, Rosa Virgínia; MACHADO FILHO, Américo Venâncio Lopes. Fontes para o conhecimento da língua portuguesa de trezentos: os mais antigos manuscritos portugueses existentes no Brasil. In: Gladis Massini-Cagliari; Márcio Muniz; Paulo Sodré (Orgs.). *Série Estudos Medievais 2*: Fontes. Araraquara: GT Estudos Medievais – Anpoll, 2009, pp. 189-202.
10. MATTOS E SILVA, Rosa Virgínia. Três sócio-histórias: três línguas. In: Gabriel Rei-Doval (Org.). *A linguística galega desde alén mar*. Santiago de Compostela: Universidade de Santiago de Compostela, 2009, pp. 97-105.
11. MATTOS E SILVA, Rosa Virgínia. "Bárbaros à porta": uma reflexão histórica sobre a língua portuguesa no Brasil da atualidade. In: Cláudia Roncarati; Jussara Abraçado (Orgs.). *Português brasileiro II*: contato linguístico, heterogeneidade e história. Niterói: EDUFF; Faperj, 2008, pp. 391-398.
12. MATTOS E SILVA, Rosa Virgínia. Aspectos morfolexicais do português arcaico. In: Ataliba Teixeira de Castilho; Maria Aparecida Torres Morais; Ruth E. Vasconcellos Lopes; Sônia Cyrino (Orgs.). *Descrição, história e aquisição do português brasileiro*. Campinas: Pontes, 2007, pp. 581-616.
13. MATTOS E SILVA, Rosa Virgínia; OLIVEIRA, Klebson; LOBO, Tânia. Panorama preliminar da história do letramento de negros na Bahia. In: Jânia Ramos; Mônica Alkmim (Orgs.). *Para a história do português brasileiro*: estudos sobre mudança linguística e história social. v. 5. Belo Horizonte: Faculdade de Letras da UFMG, 2007, pp. 359-422.
14. MATTOS E SILVA, Rosa Virgínia. Uma compreensão histórica do português brasileiro: velhos problemas repensados. In: Jacyra Mota; Suzana Cardoso; Rosa Virgínia Mattos e Silva (Orgs.). *Quinhentos anos de história linguística do Brasil*. Salvador: Secretaria da Cultura e do Turismo do Estado da Bahia, 2006, pp. 219-250.
15. LOBO, Tânia; MACHADO FILHO, Américo Venâncio Lopes; MATTOS E SILVA, Rosa Virgínia. Indícios de língua geral no sul da Bahia na segunda metade do século XVIII. In: Tânia Lobo; Ilza Ribeiro; Zenaide Carneiro; Norma Almeida (Orgs.). *Para a história do português brasileiro*: novos dados, novas análises. v. 6. Salvador: EDUFBA, 2006, pp. 609-630.
16. MATTOS E SILVA, Rosa Virgínia. "O português são dois"... ainda "em busca do tempo perdido". In: Edair Gorski; Izete Coelho (Orgs.). *Sociolinguística e ensino*: contribuições para a formação do professor de língua. Florianópolis: Ed. da UFSC, 2006, pp. 277-288.
17. RIBEIRO, Ilza; MATTOS E SILVA, Rosa Virgínia; CARNEIRO, Zenaide; ALMEIDA, Norma. Cartas em jornais oitocentistas da Bahia. In: Afranio Barbosa; Célia Lopes (Orgs.). *Crítica, queixumes e bajulações na imprensa brasileira do século XIX*. Rio de Janeiro: UFRJ, 2006, pp. 13-94.
18. MATTOS E SILVA, Rosa Virgínia. Desenvolvimentos recentes no Brasil dos estudos histórico-diacrônicos sobre o português. In: Ana Maria Stahl Zilles (Org.). *Estudos de variação linguística no Brasil e no Cone Sul*. Porto Alegre: Editora da UFRGS, 2005, pp. 39-53.
19. MATTOS E SILVA, Rosa Virgínia. O português brasileiro: sua formação na complexidade multilinguística do Brasil colonial e pós-colonial. In: Sônia Bastos Borba Costa; Américo Venâncio Lopes Machado Filho (Orgs.). *Do português arcaico ao português brasileiro*. Salvador: EDUFBA, 2004, pp. 115-137.

20. MATTOS E SILVA, Rosa Virgínia. O PROHPOR e sua inserção no Projeto Nacional Para a História do Português Brasileiro. In: Cláudia Roncaratti; Jussara Abraçado (Orgs.). *Português brasileiro*: contato linguístico, heterogeneidade e história. v. 1. Rio de Janeiro: 7Letras; Faperj, 2003, pp. 30-38.
21. MATTOS E SILVA, Rosa Virgínia. Em 1967, um encontro para sempre (evocação de uma amizade que se fez no estudo da linguística). In: Ivo Castro; Inês Duarte (Orgs.). *Razões e emoção*: miscelânea em homenagem a Maria Helena Mira Mateus. v. 2. Lisboa: Imprensa Nacional – Casa da Moeda, 2003, pp. 403-414 [Depoimento].
22. MATTOS E SILVA, Rosa Virgínia. Reflexões e questionamentos sobre a constituição de *corpora* para o Projeto Para a História do Português Brasileiro. In: Dinah Callou; Maria Eugênia Duarte (Orgs.). *Para a história do português brasileiro*: notícias sobre corpora e outros estudos. v. 4. Rio de Janeiro: UFRJ; Faperj, 2002, pp. 17-28.
23. MATTOS E SILVA, Rosa Virgínia. Reconfigurações socioculturais e linguísticas no Portugal de quinhentos em comparação com o período arcaico. In: Rosa Virgínia Mattos e Silva; Américo Venâncio Lopes Machado Filho (Orgs.). *O português quinhentista*: estudos linguísticos. Salvador: EDUFBA, 2002, pp. 27-41.
24. MATTOS E SILVA, Rosa Virgínia. Notas sobre avaliações linguísticas nos gramáticos Fernão de Oliveira e João de Barros. In: Rosa Virgínia Mattos e Silva; Américo Venâncio Lopes Machado Filho (Orgs.). *O português quinhentista*: estudos linguísticos. Salvador: EDUFBA, 2002, pp. 43-60.
25. MATTOS E SILVA, Rosa Virgínia. A definição da oposição entre SER e ESTAR em estruturas atributivas nos meados do século XVI. In: Rosa Virgínia Mattos e Silva; Américo Venâncio Lopes Machado Filho (Orgs.). *O português quinhentista*: estudos linguísticos. Salvador: EDUFBA, 2002, pp. 103-117.
26. MATTOS E SILVA, Rosa Virgínia. Vitórias de TER sobre HAVER nos meados do século XVI: usos e teoria em João de Barros. In: Rosa Virgínia Mattos e Silva; Américo Venâncio Lopes Machado Filho (Orgs.). *O português quinhentista*: estudos linguísticos. Salvador: EDUFBA, 2002, pp. 119-142.
27. MATTOS E SILVA, Rosa Virgínia. A variação SER/ESTAR e HAVER/TER nas Cartas de D. João III entre 1540 e 1553: comparação com os usos coetâneos de João de Barros. In: Rosa Virgínia Mattos e Silva; Américo Venâncio Lopes Machado Filho (Orgs.). *O português quinhentista*: estudos linguísticos. Salvador: EDUFBA, 2002, pp. 143-160.
28. MATTOS E SILVA, Rosa Virgínia. Para a história do português culto e do português popular: sugestões para uma pauta de pesquisa. In: Tânia Maria Alkmin (Org.). *Para a história do português brasileiro*. v. 3. São Paulo: Humanitas, 2002, pp. 443-464.
29. MATTOS E SILVA, Rosa Virgínia. Variação, mudança e norma: mudanças no interior do português brasileiro. In: Marcos Bagno (Org.). *A linguística da norma*. São Paulo: Loyola, 2002, pp. 291-316.
30. MATTOS E SILVA, Rosa Virgínia. De fontes sócio-históricas para a história social linguística do Brasil. In: Rosa Virgínia Mattos e Silva. *Para a história do português brasileiro*: primeiros estudos. v. 2. t. 2. São Paulo: Humanitas, 2001, pp. 275-302.
31. MATTOS E SILVA, Rosa Virgínia. Da sócio-história do português brasileiro para o ensino do português hoje. In: José Carlos de Azeredo (Org.). *Língua portuguesa em debate*: conhecimento e ensino. Petrópolis: Vozes, 2000, pp. 19-33.[22]
32. MATTOS E SILVA, Rosa Virgínia. Alguma reflexão sobre a unidade original galego-portuguesa. In: Maria del Rosario Suárez Albán (Org.). *Língua e imigração galegas na América Latina*. Salvador: Celga – Centro de Estudos da Língua e Cultura Galegas, 1999, pp. 97-104.

33. MATTOS E SILVA, Rosa Virgínia. O renovado impulso dos estudos histórico-diacrônicos sobre o português: temas e problemas. In: Eberhard Gärtner et al. (Orgs.). *Estudos de história da língua portuguesa*. Frankfurt am Main: TFM, 1999, pp. 127-144.
34. MATTOS E SILVA, Rosa Virgínia. Ideias para a história do português brasileiro: fragmentos para uma composição posterior. In: Ataliba Teixeira de Castilho (Org.). *Para a história do português brasileiro*: primeiras ideias. v. 1. São Paulo: Humanitas, 1998, pp. 21-52.
35. MATTOS E SILVA, Rosa Virgínia. A variação HAVER/TER. In: ______. (Org.). *A carta de Caminha*: testemunho linguístico de 1500. Salvador: EDUFBA/UEFS/EGBA, 1996, pp. 181-193.
36. MATTOS E SILVA, Rosa Virgínia. Variação, mudança e norma: movimentos no interior do português brasileiro. In: Suzana Cardoso (Org.). *Diversidade linguística e ensino*. Salvador: EDUFBA, 1996, pp. 19-43.[23]
37. MATTOS E SILVA, Rosa Virgínia. TER ou HAVER em estruturas de posse: variação e mudança no português arcaico. In: Cilene da Cunha Pereira; Paulo Roberto Pereira (Orgs.). *Miscelânea de estudos linguísticos, filológicos e literários* in memoriam *Celso Cunha*. Rio de Janeiro: Nova Fronteira, 1995, pp. 288-298.
38. MATTOS E SILVA, Rosa Virgínia. Diálogos de São Gregório. In: T. Riiho; L. Eerikäinen (Orgs.). *Crestomatia iberorromanica*. Textos paralelos de los siglos XIII-XVI. Helsinki, 1993, pp. 235-253.
39. MATTOS E SILVA, Rosa Virgínia. Diversidade e unidade: a aventura linguística do português. In: Ivo Castro (Org.). *Curso de história da língua portuguesa*: leituras complementares seleccionadas por Ivo Castro. v. 2. Lisboa: Universidade Aberta, 1991, pp. 111-141.
40. MATTOS E SILVA, Rosa Virgínia. Uma leitura da carta 99 do *Atlas prévio dos falares baianos*. In: Carlota Ferreira et al. (Orgs.). *Diversidade do português brasileiro*. Salvador: UFBA; Proed, 1988, pp. 53-66.
41. MATTOS E SILVA, Rosa Virgínia. Dizem que vai mal o vernáculo no Brasil: reflexões sobre o português e seu ensino. In: Carlota Ferreira et al. (Orgs.). *Diversidade do português brasileiro*. Salvador: UFBA, 1988, pp. 217-225.

Artigos em revistas científicas

1. MATTOS E SILVA, Rosa Virgínia. O difícil fazer de uma edição crítica de um manuscrito medieval: relato de uma experiência. *Estudos Linguísticos*, São Paulo, 42. 2: 669-678.
2. MATTOS E SILVA, Rosa Virgínia; SOUZA, Emília Helena Portella Monteiro de. Escolarização e demografia na capitania de Porto Seguro. *Tabuleiro de Letras*, Salvador, 3: 1-18, 2011.
3. MATTOS E SILVA, Rosa Virgínia. Sobre a terminologia metalinguística na primeira metade do século XVI: alguns aspectos. *Estudos Linguísticos e Literários*, Salvador, 37-38: 135-164, 2008.
4. MATTOS E SILVA, Rosa Virgínia. Para a história do português culto e popular brasileiro: sugestões para uma pauta de pesquisa. *Cadernos de Letras da UFF*, Niterói, 34: 11-30, 2008.
5. MATTOS E SILVA, Rosa Virgínia. Teorias da mudança linguística e a sua relação com a(s) história(s) da(s) língua(s). *Linguística – Revista de Estudos Linguísticos da Universidade do Porto*, Porto, 3: 39-53, 2008.
6. MATTOS E SILVA, Rosa Virgínia. Novas contribuições para a história da língua portuguesa. *Diadorim*, Rio de Janeiro, 2: 99-114, 2007.
7. MATTOS E SILVA, Rosa Virgínia. Sobre o Programa para a História da Língua Portuguesa (PROHPOR) e sua inserção no Projeto Nacional Para a História do Português Brasileiro (PHPB). *Estudos Linguísticos e Literários*, Salvador, 31-32: 53-64, 2007.
8. MATTOS E SILVA, Rosa Virgínia. Vitória de TER sobre HAVER nos meados do século XVI: usos e teorias em João de Barros. *Revista Portuguesa de Filologia*, Coimbra, XXV: 563-587, 2006.

9. MATTOS E SILVA, Rosa Virgínia. Um estudo de aspectos do léxico nos trovadores do mar. *Revista do Gelne*, João Pessoa, 6.1: 167-190, 2004.
10. MATTOS E SILVA, Rosa Virgínia; MACHADO FILHO, Américo Venâncio Lopes Machado. A variação ter/haver na primeira metade do século XIX em textos escritos por africanos e afrodescendentes. *Linguística*, Madrid/São Paulo, 15-16: 161-174, 2003/2004.
11. MATTOS E SILVA, Rosa Virgínia. O português no Brasil: sua formação na complexidade multilinguística do Brasil colonial e pós-colonial. *Leituras Contemporâneas*, Salvador, 1.1: 95-105, 2003.
12. MATTOS E SILVA, Rosa Virgínia. A gramaticalização numa perspectiva diacrônica: contribuições baianas. *Estudos Linguísticos e Literários*, Salvador, 29/30: 135-147, 2002-2003.
13. MATTOS E SILVA, Rosa Virgínia. Uma interpretação para a generalizada difusão da língua portuguesa no Brasil. *Revista da Academia de Letras da Bahia*, Salvador, 45: 105-126, 2002.
14. MATTOS E SILVA, Rosa Virgínia. Novos indicadores para os limites do português arcaico. *Revista do Gelne*, João Pessoa, 4.2: 182-185, 2002.
15. MATTOS E SILVA, Rosa Virgínia. Ataliba Teixeira de Castilho: depoimento breve. *Historiografia da linguística brasileira*, São Paulo, Boletim VI: 111-115, 2001 [Depoimento].
16. MATTOS E SILVA, Rosa Virgínia. Nos limites finais do período arcaico: a vitória de ter verbo de posse e auxiliar de tempo composto e sua emergência como verbo existencial. *Revista de Letras Gelne*, Fortaleza, 22: 117-121, 2001.
17. MATTOS E SILVA, Rosa Virgínia. Da sócio-história do português brasileiro para o ensino do português no Brasil hoje. *Revista da Faeba*, Salvador, 15, 23-35, 2001.
18. MATTOS E SILVA, Rosa Virgínia. Reconfigurações socioculturais e linguísticas no Portugal de quinhentos em comparação com o período arcaico. *Alfa*, São Paulo, 45: 33-47, 2001.
19. MATTOS E SILVA, Rosa Virgínia. Orientações atuais da linguística histórica brasileira. *D.E.L.T.A.*, São Paulo, 15, número especial: 147-166, 1999.
20. MATTOS E SILVA, Rosa Virgínia. A língua portuguesa em perspectiva histórica: do português europeu para o português brasileiro. *Estudos Linguísticos*, Assis, XXIX: 16-32, 2000.
21. MATTOS E SILVA, Rosa Virgínia. Uma interpretação para a generalizada difusão da língua portuguesa em território brasileiro. *Gragoatá*, Niterói, 9: 11-27, 2000.
22. MATTOS E SILVA, Rosa Virgínia. Uma compreensão histórica do português brasileiro: velhos problemas revisitados. *Estudos Linguísticos e Literários*, Salvador, 1.25-26: 253-283, 2000.
23. MATTOS E SILVA, Rosa Virgínia. A variação 'ser'/'estar' e 'haver'/'ter' em 1540. *Revista Portuguesa de Filologia*, Coimbra, XXIII: 71-96, 1999-2000.
24. MATTOS E SILVA, Rosa Virgínia. Há quinhentos anos... A "Carta de Caminha" e a língua portuguesa. *Estudos Linguísticos e Literários*, Salvador, 23-24: 127-142, jun./dez. 1999.
25. MATTOS E SILVA, Rosa Virgínia. O que corrigir no português de nossos alunos? Uma avaliação do fator escolarização na compreensão do português brasileiro. *A Cor das Letras*, Feira de Santana, 3: 179-189, 1999.
26. MATTOS E SILVA, Rosa Virgínia. Orientações atuais da linguística histórica no Brasil. *Revista Linguística*, São Paulo, 1.11: 155-174, 1999.
27. MATTOS E SILVA, Rosa Virgínia. O renovado impulso nos estudos históricos do português: temas e problemas. *A Cor das Letras*, Feira de Santana, 2: 15-28, dez. 1998.
28. MATTOS E SILVA, Rosa Virgínia. Sobre desencontros e reencontros: Filologia e Linguística no Brasil no século XX. *Estudos Linguísticos e Literários*, Salvador, 21-22: 97-108, jun./dez. 1998.
29. MATTOS E SILVA, Rosa Virgínia. A formação de uma área dialetal do português. *Papiá – Revista de crioulos de base ibérica*, Brasília, 9: 9-19, 1997.
30. MATTOS E SILVA, Rosa Virgínia. A variação no uso de SER/ESTAR e HAVER/TER no português ducentista. *Estudos Linguísticos e Literários*, Salvador, 19: 270-285, 1997.

31. MATTOS E SILVA, Rosa Virgínia. Linguística histórica e história da língua portuguesa. *Estudos Linguísticos e Literários*, Salvador, 19: 253-285, 1997.
32. MATTOS E SILVA, Rosa Virgínia. Alfabetização hoje no Brasil. *Abralin*, São Luís, 18: 76-90, 1996.
33. MATTOS E SILVA, Rosa Virgínia. Notícia sobre o Programa para a História da Língua Portuguesa. *Estudos Linguísticos e Literários*, Salvador, número especial: 231-237, 1996.
34. MATTOS E SILVA, Rosa Virgínia. A sócio-história do Brasil e a heterogeneidade do português brasileiro. *Boletim da Associação Brasileira de Linguística*, Recife, 17: 73-85, 1995.
35. MATTOS E SILVA, Rosa Virgínia. Linguística: entre estrutura e história. *Cadernos ILUFBA*, Salvador, 7: 23-24, 1995.
36. MATTOS E SILVA, Rosa Virgínia. O português são dois. *Alteridades* (FFCH/UFBA), Salvador, 2: 67-85, 1995.
37. MATTOS E SILVA, Rosa Virgínia. Para uma caracterização do português arcaico. *DELTA*, São Paulo, 10, número especial: 247-276, 1994.
38. MATTOS E SILVA, Rosa Virgínia. Português brasileiro: raízes e trajetórias (para a construção de uma história). *Discursos*, Lisboa, 3: 75-91, 1993.
39. MATTOS E SILVA, Rosa Virgínia. O que nos diz sobre a sintaxe a pontuação de manuscritos medievais portugueses. *Boletim da Associação Brasileira de Linguística*, São Paulo, 14: 75-85, 1993.
40. MATTOS E SILVA, Rosa Virgínia. A Carta de Caminha: prólogo. *Estudos Linguísticos e Literários*, Salvador, 13: 103-110, 1992.
41. MATTOS E SILVA, Rosa Virgínia. Português brasileiro: raízes e trajetórias (versão reduzida). *Ciência e Cultura* (SBPC), Rio de Janeiro, 15: 76-81, 1992.
42. MATTOS E SILVA, Rosa Virgínia. Caminhos de mudanças sintático-semânticas no português arcaico. *Revista de Estudos da Linguagem*, Belo Horizonte, ano 1, 1: 85-99, 1992.
43. MATTOS E SILVA, Rosa Virgínia. Que gramática ensinar, quando e por quê? Entre teorias e realidades. *Revista Internacional de Língua Portuguesa*, Lisboa, 4: 11-19, 1991.
44. MATTOS E SILVA, Rosa Virgínia. Caminhos de mudanças sintático-semânticas no português arcaico. *Cadernos de Estudos Linguísticos*, Campinas, 20: 59-74, 1991.
45. MATTOS E SILVA, Rosa Virgínia. Uma avaliação da gramática do português contemporâneo. *Publicação do Curso de Pós-Graduação em Linguística e Língua Portuguesa*, Araraquara, IV: 47-62, 1990.
46. MATTOS E SILVA, Rosa Virgínia. Falar, ouvir, escrever, ler no ensino da língua materna. *Hyperion*, Salvador, 1: 47-52, 1990.
47. MATTOS E SILVA, Rosa Virgínia. Rastros de um velho mistério! Sobre estudos de variação e mudança na fase arcaica do português. *Estudos Linguísticos e Literários*, Salvador, 10: 153-177, 1990.
48. MATTOS E SILVA, Rosa Virgínia. Breve notícia sobre a situação do português no Brasil. *Seara Nova*, Lisboa, 1: 28-36, 1989.
49. MATTOS E SILVA, Rosa Virgínia. Diversidade linguística e ensino do português: proposições comentadas. *Revista Internacional de Língua Portuguesa*, Lisboa, 1: 28-36, 1989.
50. MATTOS E SILVA, Rosa Virgínia. Língua portuguesa: novas fronteiras, velhos problemas. *Revista Lusitana*, Lisboa, 8: 5-21, 1988.
51. MATTOS E SILVA, Rosa Virgínia. Diversidade e unidade: a aventura linguística do português. *Revista ICALP*, Lisboa, 11: 60-72, 1988.
52. MATTOS E SILVA, Rosa Virgínia. Diversidade e unidade: a aventura linguística do português (2ª parte). *Revista ICALP*, Lisboa, 12/13: 12-27, 1988.
53. MATTOS E SILVA, Rosa Virgínia. Fluxo e refluxo: uma retrospectiva da linguística histórica no Brasil. *delta*, São Paulo, 4: 85-114, 1988.
54. MATTOS E SILVA, Rosa Virgínia. SER, ESTAR, JAZER e ANDAR no português trecentista. *Arquivo do Centro Cultural Português*, Paris, 1.XXIII: 31-47, 1987.

55. MATTOS E SILVA, Rosa Virgínia. Viva o povo brasileiro! Viva a língua portuguesa! *Quinto Império*, Salvador, 4: 131-134, 1986.
56. MATTOS E SILVA, Rosa Virgínia. A diversidade do português brasileiro. *Estudos Linguísticos e Literários*, Salvador, 5: 35-45, 1986.
57. MATTOS E SILVA, Rosa Virgínia; SILVA, Myrian Barbosa da. Um traço do português kamayurá: um momento no processo de aquisição do português. *Universitas, Ciência*, Salvador, 34: 93-107, 1985.
58. MATTOS E SILVA, Rosa Virgínia. Sintaxe e grafia: contribuição para a leitura crítica de textos medievais. *Estudos Linguísticos e Literários*, Salvador, 4: 85-103, 1985.
59. MATTOS E SILVA, Rosa Virgínia. PERO e PORÉN: mudanças em curso na fase arcaica da língua portuguesa. *Boletim de Filologia*, Lisboa, 1.XXIX: 129-151, 1984.
60. MATTOS E SILVA, Rosa Virgínia. Dizem que vai mal o vernáculo no Brasil. Reflexões sobre a língua portuguesa e seu ensino. *Estudos Linguísticos e Literários*, Salvador, 1: 106-127, 1984.
61. MATTOS E SILVA, Rosa Virgínia. A formação de uma área dialetal do português. *Ciência e Cultura* (SBPC), São Paulo, 35: 735-742, 1983.
62. MATTOS E SILVA, Rosa Virgínia. Reencontro da linguística e da filologia nos estudos diacrônicos. *Linguagem*, Rio de Janeiro, 1: 74-82, 1983.
63. MATTOS E SILVA, Rosa Virgínia; SILVA, Myrian Barbosa da. Fatos fonéticos do português kamayurá. *Abralin*, Rio de Janeiro, 5: 141-155, 1983.
64. MATTOS E SILVA, Rosa Virgínia. Sobre a mudança linguística: uma revisão histórica. *Boletim de Filologia*, Lisboa, XXVI: 83-92, 1982.
65. MATTOS E SILVA, Rosa Virgínia; SILVA, Myrian Barbosa. Manifestações do processo de simplificação em um dialeto de contacto. *Boletim de Filologia*, Lisboa, 1.XXVI: 125-151, 1982.
66. MATTOS E SILVA, Rosa Virgínia. Um aspecto do auxiliar no português arcaico. *Tulane Studies in Romance Languages and Literature*, Tulane, 1.10: 93-109, 1981.
67. MATTOS E SILVA, Rosa Virgínia. Aspectos do contato linguístico no Brasil. *Universitas*, Salvador, 24: 83-95, 1979.
68. MATTOS E SILVA, Rosa Virgínia. O estudo linguístico de um texto português do século XIV. *Boletim de Filologia*, Lisboa, XXII.3-4: 263-280, 1973.
69. MATTOS E SILVA, Rosa Virgínia. Informação preliminar sobre o português falado nas aldeias Kamayurá. *Revista de Antropologia*, São Paulo, XVII-X: 77-92, 1972.
70. MATTOS E SILVA, Rosa Virgínia. As versões medievais portuguesas dos Diálogos de São Gregório: relação entre os manuscritos. *Boletim de Filologia*, Lisboa, XXII.1 e 2: 17-32, 1971.
71. MATTOS E SILVA, Rosa Virgínia. O fichário mecanográfico de um texto antigo. *Universitas*, Salvador, 8 e 9: 73-82, 1971.

Trabalhos publicados em anais de congressos

1. MATTOS E SILVA, Rosa Virgínia; MACHADO FILHO, Américo Venâncio Lopes. Manuscritos trecentistas portugueses no Brasil: notícia circunstanciada. In: ENCONTRO INTERNACIONAL DE ESTUDOS MEDIEVAIS, 7, 2007, Fortaleza. *Anais*... Fortaleza/Rio de Janeiro: Abrem/UFC, 2009, pp. 644-649.
2. MATTOS E SILVA, Rosa Virgínia. Sobre a edição de A mais antiga versão medieval portuguesa dos quatro livros dos Diálogos de São Gregório: indícios para o stemma codicum. In: SEMINÁRIO DE ESTUDOS FILOLÓGICOS, 2, 2007, Feira de Santana. *Anais*... Salvador: Quarteto, 2007, pp. 83-89.
3. MATTOS E SILVA, Rosa Virgínia. "Bárbaros à porta": uma reflexão histórica sobre a língua portuguesa na atualidade. In: CONGRESSO INTERNACIONAL AGOSTINHO DA SILVA PENSADOR DO MUNDO A HAVER, 1., 2006, Lisboa. *Atas*... Lisboa: Zéfiro, 2006, pp. 289-295.

4. MATTOS E SILVA, Rosa Virgínia. Novas contribuições para a história da língua portuguesa: ainda os limites do português arcaico. In: JORNADA NACIONAL DE ESTUDOS LINGUÍSTICOS, 21, 2006, João Pessoa. *Atas...* João Pessoa: Ideia, 2006, pp. 2551-2558.
5. MATTOS E SILVA, Rosa Virgínia. O português do Brasil: sua formação na complexidade multilinguística do Brasil colonial e pós-colonial. In: CICLO AGOSTINIANO DOS AÇORES, 2, 2003, Pico. *Actas...* Pico: Faialentejo, 2005, pp. 66-95.
6. MATTOS E SILVA, Rosa Virgínia. Aspectos do léxico de língua portuguesa do período formativo à primeira metade do século XVI. In: ENCONTRO INTERNACIONAL DE ESTUDOS MEDIEVAIS, 5, 2003, Salvador. *Anais...* Salvador: Quarteto, 2005, pp. 112-117.
7. MATTOS E SILVA, Rosa Virgínia; SOUZA, Emília Helena Monteiro de. A escolarização relacionada à demografia na Província da Bahia no século XIX. In: CONGRESSO INTERNACIONAL DA ALFAL, 14, 2005, Monterrey. *Memorias...* Monterrey: Alfal, 2005, pp. 264-277. v. 1.
8. MATTOS E SILVA, Rosa Virgínia. Empréstimos culturais no período arcaico da língua portuguesa. In: ENCONTRO NACIONAL DE CIÊNCIAS DA LINGUAGEM APLICADAS AO ENSINO, 2, 2003, João Pessoa. *Anais...* João Pessoa: Ideia, 2004, pp. 1900-1906.
9. MATTOS E SILVA, Rosa Virgínia. A gramaticalização numa perspectiva diacrônica: contribuições baianas. In: ENCONTRO NACIONAL DE CIÊNCIAS DA LINGUAGEM APLICADAS AO ENSINO, 2, 2003, João Pessoa. *Anais...* João Pessoa: Ideia, 2004, pp. 1907-1916.
10. MATTOS E SILVA, Rosa Virgínia. Fatores sócio-históricos condicionantes na formação do português brasileiro: em questão o propalado conservadorismo da língua portuguesa no Brasil. In: CONGRESSO INTERNACIONAL DA ALFAL, v. 1., 13, 2002, San José. *Actas...* San José: Alfal, 2004, pp. 81-94.
11. MATTOS E SILVA, Rosa Virgínia. A língua e a fé: origens da escolarização em língua portuguesa no império luso. In: CONGRESSO INTERNACIONAL DA ABRALIN, 3, 2003, Rio de Janeiro. *Filologia e linguística portuguesa*. São Paulo: Humanitas, 2003, pp. 281-295.
12. MATTOS E SILVA, Rosa Virgínia. O que corrigir no português de nossos alunos: uma avaliação do fator escolarização na compreensão do português brasileiro. In: COLÓQUIO INTERNACIONAL DE DIDÁCTICA DA LÍNGUA E DA LITERATURA, v. 1., 5, 2000, Coimbra. *Atas...* Coimbra: Almedina, 2000, pp. 165-173.
13. MATTOS E SILVA, Rosa Virgínia. A propósito das origens do português brasileiro. In: CONGRESSO NACIONAL DA ABRALIN, 1, 1999, Florianópolis. *Atas...* Florianópolis: UFSC, 2000.
14. MATTOS E SILVA, Rosa Virgínia. O tempo composto na fase final do português arcaico. In: CONGRESSO NACIONAL DA ABRALIN, 1, 1999, Florianópolis. *Atas...* Florianópolis: UFSC, 2000.
15. MATTOS E SILVA, Rosa Virgínia. A propósito das origens do português brasileiro. In: CONGRESSO INTERNACIONAL DA ABRALIN, 2, 2000, Florianópolis. *Anais...* Florianópolis: Abralin, 2000, pp. 1348-1351.
16. MATTOS E SILVA, Rosa Virgínia. A concordância verbo-nominal facultativa no português arcaico. In: CONGRESSO INTERNACIONAL DA ALFAL, v. 4., 9, 1990. *Atas...* Campinas: Unicamp, 1998, pp. 165-175.
17. MATTOS E SILVA, Rosa Virgínia. Alguma reflexão sobre a questão da unidade original galego-portuguesa. In: SIMPÓSIO SOBRE EMIGRAÇÃO E LÍNGUA GALEGA, v. 1., 1996, Salvador. *Atas...* Salvador: CELGA/UFBA, 1998, pp. 97-107.
18. MATTOS E SILVA, Rosa Virgínia. Desenvolvimentos recentes no Brasil dos estudos histórico-diacrônicos sobre o português. In: ENCONTRO DA ASSOCIAÇÃO PORTUGUESA DE LINGUÍSTICA, v. 2., 12, 1996. *Actas...* Lisboa, 1997, pp. 567-580.
19. MATTOS E SILVA, Rosa Virgínia. Variação, mudança e norma e a questão do ensino do português no Brasil. In: SEMINÁRIO NACIONAL SOBRE A DIVERSIDADE LINGUÍSTICA E O ENSINO DA LÍNGUA MATERNA, v. 1., 1996. *Anais...* Salvador: Anpoll, 1996, pp. 19-44.

20. MATTOS E SILVA, Rosa Virgínia. O português são dois: variação, mudança, norma e o ensino do português no Brasil. In: CONGRESSO INTERNACIONAL SOBRE O PORTUGUÊS, v. 2., 1996, Lisboa. *Actas*... Lisboa: Colibri/APL, 1996. pp. 375-402.
21. MATTOS E SILVA, Rosa Virgínia. Linguística histórica: o estado da questão e reflexos sobre estudos históricos do português. In: CONGRESSO INTERNACIONAL DA ALFAL, v. 2, 9, 1993, Campinas. *Atas*... Campinas: Unicamp, 1993, pp. 181-202.
22. MATTOS E SILVA, Rosa Virgínia. Nos territórios da língua – Linguística Histórica e Filologia hoje: redefinindo fronteiras. In: ENCONTRO DE ECDÓTICA E CRÍTICA GENÉTICA, 3, 1993, João Pessoa. *Atas*... João Pessoa: Ideia, 1993, pp. 45-55.
23. MATTOS E SILVA, Rosa Virgínia. A arte de fazer o melhor uso de maus dados: estudos diacrônicos no português antigo. In: ENCONTRO DE ESTUDOS ROMÂNICOS, 1, 1988, Belo Horizonte. *Anais*... Belo Horizonte: UFMG, 1988, pp. 68-84.
24. MATTOS E SILVA, Rosa Virgínia. Gramática do português arcaico: Estruturas trecentistas (notícia). In: CONGRESSO SOBRE A SITUAÇÃO ACTUAL DA LÍNGUA PORTUGUESA NO MUNDO, v. 2., 1988, Lisboa. *Actas*... Lisboa: IN-CM, 1988, pp. 413-416.
25. MATTOS E SILVA, Rosa Virgínia. Contribuição para a leitura crítica de textos medievais portugueses: sintaxe e grafia. In: COLLOQUE CRITIQUE TEXTUELLE PORTUGAISE, 1986, Paris. *Actas*... Paris: Centre Culturel Portugais, 1988, pp. 85-98.
26. MATTOS E SILVA, Rosa Virgínia. Diversidade linguística, língua de cultura e ensino do português. In: SIMPÓSIO SOBRE A DIVERSIDADE LINGUÍSTICA NO BRASIL, 1986, Salvador. *Atas*... Salvador: UFBA/CNPq, 1986, pp. 259-266.
27. MATTOS E SILVA, Rosa Virgínia. Dizem que vai mal o vernáculo no Brasil: reflexão sobre a língua portuguesa e seu ensino. In: CONGRESSO SOBRE A SITUAÇÃO ACTUAL DA LÍNGUA PORTUGUESA NO MUNDO, v. 1., 1983, Lisboa. *Actas*... Lisboa: IN-CM, 1985, pp. 360-375.
28. MATTOS E SILVA, Rosa Virgínia; AGOSTINHO, Pedro. Aculturação no plano linguístico: notícia sobre a pesquisa entre os kamauyrá do Alto-Xingu. In: Congresso da Alfal, 3, 1976. *Actas*... Porto Rico: Instituto de Linguística, 1976, pp. 159-170.

Verbetes[24]

1. MATTOS E SILVA, Rosa Virgínia. Diálogos de São Gregório. In: Giulia Lanciani; Giuseppe Tavani (Orgs.). *Dicionário da literatura medieval galega e portuguesa*. Lisboa: Caminho, 1994, pp. 215-216.
2. MATTOS E SILVA, Rosa Virgínia. Contacto. In: Antônio Houaiss (Ed.). *Enciclopédia Mirador Internacional*. v. 6., São Paulo; Rio de Janeiro: Encyclopaedia Britannica do Brasil, 1991, pp. 2803-2806.
3. MATTOS E SILVA, Rosa Virgínia. Dialectologia. In: Antônio Houaiss (Ed.). *Enciclopédia Mirador Internacional*. v. 7., São Paulo; Rio de Janeiro: Encyclopaedia Britannica do Brasil, 1991, pp. 3298-3304.
4. MATTOS E SILVA, Rosa Virgínia. Escrita – I – Princípios gerais. In: Antônio Houaiss (Ed.). *Enciclopédia Mirador Internacional*. v. 8., São Paulo; Rio de Janeiro: Encyclopaedia Britannica do Brasil, 1991, pp. 4052-4058.
5. MATTOS E SILVA, Rosa Virgínia. Estruturalismo – I – Linguística. In: Antônio Houaiss (Ed.). *Enciclopédia Mirador Internacional*. v. 9., São Paulo; Rio de Janeiro: Encyclopaedia Britannica do Brasil, 1991, pp. 4310-4312.
6. MATTOS E SILVA, Rosa Virgínia. Léxico. In: Antônio Houaiss (Ed.). *Enciclopédia Mirador Internacional*. v. 13., São Paulo; Rio de Janeiro: Encyclopaedia Britannica do Brasil, 1991, pp. 6748-6754.

7. MATTOS E SILVA, Rosa Virgínia. Patologia da linguagem. In: Antônio Houaiss (Ed.). *Enciclopédia Mirador Internacional*. v. 13., São Paulo; Rio de Janeiro: Encyclopaedia Britannica do Brasil, 1991, pp. 6849-6859.
8. MATTOS E SILVA, Rosa Virgínia. Linguismo. In: Antônio Houaiss (Ed.). *Enciclopédia Mirador Internacional*. v. 13., São Paulo; Rio de Janeiro: Encyclopaedia Britannica do Brasil, 1991, pp. 6859-6862.
9. MATTOS E SILVA, Rosa Virgínia. Sapir. In: Antônio Houaiss (Ed.). *Enciclopédia Mirador Internacional*. v. 18., São Paulo; Rio de Janeiro: Encyclopaedia Britannica do Brasil, 1991, pp. 10246-10247.
10. MATTOS E SILVA, Rosa Virgínia. Saussure. In: Antônio Houaiss (Ed.). *Enciclopédia Mirador Internacional*. v. 18., São Paulo; Rio de Janeiro: Encyclopaedia Britannica do Brasil, 1991, pp. 10274-10276.
11. MATTOS E SILVA, Rosa Virgínia. Sociolinguística. In: Antônio Houaiss (Ed.). *Enciclopédia Mirador Internacional*. v. 19., São Paulo; Rio de Janeiro: Encyclopaedia Britannica do Brasil, 1991, pp. 10510-10512.
12. MATTOS E SILVA, Rosa Virgínia. Tipologia. In: Antônio Houaiss (Ed.). *Enciclopédia Mirador Internacional*. v. 19., São Paulo; Rio de Janeiro: Encyclopaedia Britannica do Brasil, 1991, pp. 10922-10926.
13. MATTOS E SILVA, Rosa Virgínia. Vocábulo. In: Antônio Houaiss (Ed.). *Enciclopédia Mirador Internacional*. v. 20., São Paulo; Rio de Janeiro: Encyclopaedia Britannica do Brasil, 1991. pp. 11470-11471.

Tradução

1. LYONS, John. *Introdução à linguística teórica*. Trad. Rosa Virgínia Mattos e Silva e Hélio Pimentel. São Paulo: Companhia Editorial Nacional, 1979.

Prefácios, posfácios, apresentações

1. MATTOS E SILVA, Rosa Virgínia. Prefácio. In: Klebson Oliveira, Hirão Fernandes Cunha e Souza; Juliana Soledade (Orgs.). *Do português arcaico ao português brasileiro*: outras histórias. Salvador: EDUFBA, 2009, pp. 9- 10.
2. MATTOS E SILVA, Rosa Virgínia. Prefácio. In: Américo Venâncio Lopes Machado Filho. *A pontuação em manuscritos medievais portugueses*. Salvador: EDUFBA, 2004, pp. 11-14.
3. MATTOS E SILVA, Rosa Virgínia. Prefácio. In: Sônia Bastos Borba Costa; Américo Venâncio Machado Filho Lopes (Orgs.). *Do português arcaico ao português brasileiro*. Salvador: EDUFBA, 2004, pp. 11-12.
4. MATTOS E SILVA, Rosa Virgínia. Prefácio à edição portuguesa. In: Dante Lucchesi. *Sistema, mudança e linguagem*: um percurso na história da linguística moderna. São Paulo: Parábola, 2004, pp. 13-15.
5. MATTOS E SILVA, Rosa Virgínia. De teorias contemporâneas da linguística para a história da língua portuguesa. *Inventário*, Salvador, 3, 2004 [Apresentação]. Disponível em: http://www.inventario.ufba.br/03/d03/03dossieapresentacao.htm. Acesso em: 28 ago. 2016.
6. MATTOS E SILVA, Rosa Virgínia. Prefácio. In: Dante Lucchesi. *Sistema, mudança e linguagem*: um percurso da linguística neste século. Lisboa: Colibri, 1998, pp. 9-11.

Outros escritos

1. MATTOS E SILVA, Rosa Virgínia. Diversidade e unidade: a aventura linguística do português. In: História da Língua Portuguesa em linha – Biblioteca do Instituto Camões de Portugal, v. 1, pp. 1-29, 2002. Disponível em: <http://cvc.instituto-camoes.pt/hlp/biblioteca/diversidade.pdf>. Acesso em: 26 ago. 2016.
2. MATTOS E SILVA, Rosa Virgínia. Sobre o "Programa para a História da Língua Portuguesa" (PROHPOR) e sua inserção no Projeto Nacional "Para a História do Português Brasileiro" (PHPB). 2007. Mimeo.
3. MATTOS E SILVA, Rosa Virgínia. Como se estruturou a língua portuguesa? Perspectiva histórica da fonologia e da morfologia da língua portuguesa. Disponível em: <http://www.museudalinguaportuguesa.org.br/files/mlp/texto_10.pdf>. Acesso em: 16 maio 2015.
4. MATTOS E SILVA, Rosa Virgínia; Américo Venâncio Lopes Machado Filho. Pregresso crás ou à guisa de prólogo. 2012. Mimeo.

ORIENTAÇÃO DE TRABALHOS DE GRAU

Dissertações de mestrado

1. OLIVEIRA, Mariana Fagundes de. *A voz passiva portuguesa*: um estudo diacrônico. Salvador, 2005. Dissertação (Mestrado em Letras e Linguística) – Instituto de Letras, Universidade Federal da Bahia.
2. SOUZA, Pedro Daniel dos Santos. *Concordância verbal em português*: o que nos revela o período arcaico? Salvador, 2005. Dissertação (Mestrado em Letras e Linguística) – Instituto de Letras, Universidade Federal da Bahia.
3. SANTOS, Eliéte Oliveira. *História de Portugal de Fernão de Oliveira*: edição diplomático-interpretativa. Salvador, 2005. Dissertação (Mestrado em Letras e Linguística) – Instituto de Letras, Universidade Federal da Bahia [Co-orientador: prof. dr. Américo Venâncio Lopes Machado Filho].
4. OLIVEIRA, Klebson. *Textos escritos por escravos e afrodescendentes na Bahia no século XIX*: fontes do nosso latim vulgar? Salvador, 2003. Dissertação (Mestrado em Letras e Linguística) – Instituto de Letras, Universidade Federal da Bahia [Co-orientador: profa. dra. Tânia Conceição Freire Lobo].
5. COSTA, Pascásia Coelho da. *Os usos do mais-que-perfeito simples e sua substituição pelo tempo composto em textos representativos do português arcaico*. Salvador, 2002. Dissertação (Mestrado em Letras e Linguística) – Instituto de Letras, Universidade Federal da Bahia.
6. COELHO, Juliana Soledade Barbosa. *Aspectos morfolexicais do português arcaico*: sufixação nos séculos XIII e XIV. Salvador, 2001. Dissertação (Mestrado em Letras e Linguística) – Instituto de Letras, Universidade Federal da Bahia.
7. SILVA, Sílvia Santos da. *Demonstrativos, dêiticos e anafóricos*: duas sincronias em confronto (sécs. XV e XVI). Salvador, 2000. Dissertação (Mestrado em Letras e Linguística) – Instituto de Letras, Universidade Federal da Bahia.
8. MACHADO FILHO, Américo Venâncio Lopes. *A pontuação em manuscritos medievais portugueses*. Salvador, 1999. Dissertação (Mestrado em Letras e Linguística) – Instituto de Letras, Universidade Federal da Bahia.
9. COSTA, Iraneide Santos. *Uso do artigo definido diante de possessivo e de nome próprio de pessoa*: período arcaico. Salvador, 1998. Dissertação (Mestrado em Letras e Linguística) – Instituto de Letras, Universidade Federal da Bahia.

10. MACÊDO, Anna Maria Nolasco de. *Locuções prepositivas na constituição histórica da língua portuguesa*: período arcaico. Salvador, 1997. Dissertação (Mestrado em Letras e Linguística) – Instituto de Letras, Universidade Federal da Bahia.
11. FERREIRA, Permínio Souza. *Inquirições de D. Dinis*: edição crítica de um texto medieval notarial português. Salvador, 1996. Dissertação (Mestrado em Letras e Linguística) – Instituto de Letras, Universidade Federal da Bahia.
12. CARNEIRO, Zenaide de Oliveira Novaes. *Os verbos de padrão especial no português do século* XVI. Salvador, 1996. Dissertação (Mestrado em Letras e Linguística) — Instituto de Letras, Universidade Federal da Bahia, Salvador [Coorientador: profa. dra. Ilza Maria de Oliveira Ribeiro].
13. LOBO, Tânia Conceição Freire. *A colocação dos clíticos em português*: duas sincronias em confronto. Lisboa, 1993. Dissertação (Mestrado em Linguística Portuguesa Histórica) – Faculdade de Letras, Universidade de Lisboa.
14. LUCCHESI RAMACCIOTTI, Dante Eustachio. *Sistema, mudança e linguagem*. Um percurso da Linguística no século XX. Lisboa, 1993. Dissertação (Mestrado em Linguística Portuguesa Histórica) – Faculdade de Letras, Universidade de Lisboa.
15. BARRETO, Therezinha Maria Mello. *Conjunções*: aspectos de sua constituição e funcionamento na história do português. Salvador, 1992. Dissertação (Mestrado em Letras e Linguística) – Instituto de Letras, Universidade Federal da Bahia.
16. OLINDA, Sílvia Rita. *Pois e Ca*: mudanças semânticas e sintáticas no português arcaico. Salvador, 1991. Dissertação (Mestrado em Letras e Linguística) – Instituto de Letras, Universidade Federal da Bahia.
17. PORTELA, Lícia Creusa. *De teorias para o ensino*: casos fronteiriços na classificação de palavras. Salvador, 1991. Dissertação (Mestrado em Letras e Linguística) – Instituto de Letras, Universidade Federal da Bahia.
18. SEPÚLVEDA NETTO, Maria do Socorro. *Ser / Estar*: um estudo de variação e mudança em curso no português antigo. Salvador, 1989. Dissertação (Mestrado em Letras e Linguística) – Instituto de Letras, Universidade Federal da Bahia.
19. SANTOS, América Lúcia César dos. *As vozes e a verdade*: reflexão sobre a linguagem. Salvador, 1988. Dissertação (Mestrado em Letras e Linguística) – Instituto de Letras, Universidade Federal da Bahia.
20. COSTA, Sônia Bastos Borba. *O aspecto em português*: reflexão a partir de um fragmento de corpus do Projeto Nurc. Salvador, 1986. Dissertação (Mestrado em Letras e Linguística) – Instituto de Letras, Universidade Federal da Bahia.
21. NOBRE, Maria Célia. *O apagamento em estruturas sintáticas do português*. Salvador, 1979. Dissertação (Mestrado em Letras e Linguística) – Instituto de Letras, Universidade Federal da Bahia.
22. FRAGA FILHO, Cid Seixas. *O espelho de Narciso*: linguagem como ideologia cultural no Idealismo e no Marxismo. Salvador, 1979. Dissertação (Mestrado em Letras e Linguística) – Instituto de Letras, Universidade Federal da Bahia.
23. LUZ, Ana Maria. *Percepção da estrutura sintática na compreensão de textos*. Salvador, 1977. Dissertação (Mestrado em Letras e Linguística) – Instituto de Letras, Universidade Federal da Bahia.

Teses de doutorado

1. SILVA, Maria da Conceição Hélio. *Formas verbais e indeterminação*: o agente dissimulado nos séculos XIX e XX. Salvador, 2009. Tese (Doutorado em Letras e Linguística) – Instituto de Letras, Universidade Federal da Bahia.

2. OLIVEIRA, Klebson. *Negros e escrita no Brasil do século XIX*: sócio-história, edição filológica de documentos e estudo linguístico. Salvador, 2006. Tese (Doutorado em Letras e Linguística) – Instituto de Letras, Universidade Federal da Bahia.
3. OLIVEIRA, Mariana Fagundes de. *Agentividade e passividade na história da língua portuguesa*. Salvador, 2006. Tese (Doutorado em Letras e Linguística) – Instituto de Letras, Universidade Federal da Bahia.
4. SANTOS, Antonia Vieira dos. *O processo de composição no português arcaico*. Salvador, 2005. Tese (Doutorado em Letras e Linguística) – Instituto de Letras, Universidade Federal da Bahia [Co-orientador: profa. dra. Graça Maria Rio-Torto].
5. COELHO, Juliana Soledade Barbosa. *Semântica morfolexical*: contribuições para a descrição do paradigma sufixal do português arcaico. Salvador, 2004. Tese (Doutorado em Letras e Linguística) – Instituto de Letras, Universidade Federal da Bahia.
6. DIAS, Denise Gomes. *Os segredos da arte*: vocabulário dos carpinteiros navais do Baixo Sul da Bahia. Salvador, 2005. Tese (Doutorado em Letras e Linguística) – Instituto de Letras, Universidade Federal da Bahia.
7. MACHADO FILHO, Américo Venâncio Lopes. *Um* flos sanctorum *do século XIV*: edições, glossário e estudo linguístico. Salvador, 2004. Tese (Doutorado em Letras e Linguística) – Instituto de Letras, Universidade Federal da Bahia.
8. MACÊDO, Anna Maria Nolasco de. *Gramaticalização de locuções prepositivas na história do galego e do português arcaicos*. Salvador, 2003. Tese (Doutorado em Letras e Linguística) – Instituto de Letras, Universidade Federal da Bahia.
9. SOUZA, Emília Helena Portella Monteiro de. *A multifuncionalidade do ONDE na fala de Salvador*. Salvador, 2003. Tese (Doutorado em Letras e Linguística) – Instituto de Letras, Universidade Federal da Bahia.
10. COSTA, Sônia Bastos Borba. *Adverbiais espaciais e temporais do português*: indícios diacrônicos de gramaticalização. Salvador, 2003. Tese (Doutorado em Letras e Linguística) – Instituto de Letras, Universidade Federal da Bahia.
11. BARRETO, Therezinha Maria Mello. *Gramaticalização de conjunções na história do português*. Salvador, 1999. Tese (Doutorado em Letras e Linguística) – Instituto de Letras, Universidade Federal da Bahia.
12. POGGIO, Rosauta Maria Fagundes. *Relações expressas por preposições no período arcaico do português em confronto com o latim*. Salvador, 1999. Tese (Doutorado em Letras e Linguística) – Instituto de Letras, Universidade Federal da Bahia.

CLÉLIA CÂNDIDA ABREU SPINARDI JUBRAN

(NASCIDA EM 1946 – SÃO PAULO, 2015)

Biobibliografia

Ataliba T. de Castilho

Perdemos no ano de 2015 nossa colega Clélia Cândida Abreu Spinardi Jubran. Seu desaparecimento ocorreu quando ela estava em plena atividade científica. Depois de ter atuado decisivamente na descrição do texto falado, no interior do Projeto de Gramática do Português Falado no Brasil, preparava-se para transpor sua experiência para o campo da Linguística Histórica, no interior do Projeto para a História do Português Brasileiro, objetivando verificar a estabilidade ou a instabilidade dos processos de criação interativa do texto.

Este breve "*In Memoriam*" não conseguirá captar em sua totalidade as intensas atividades desenvolvidas por ela, pautadas sempre com grande modéstia, serenidade e determinação. Servirá, entretanto, para expressar a admiração e o respeito dos linguistas que tiveram a ventura de conviver com ela, enquanto esteve entre nós.

ATUAÇÃO PROFISSIONAL

Clélia graduou-se em Letras pela Universidade Estadual Paulista Júlio de Mesquita Filho (Unesp), *campus* de Assis, em 1967. Doutorou-se em Teoria Literária e Literatura Comparada pela Universidade de São Paulo, em 1980.

Em sua instituição de origem, ela atuou como professora assistente doutora de 10/1970 a 02/1995, junto ao respectivo Departamento de Linguística. Lecionou Estilística, Morfossintaxe, Semântica, Sintaxe histórica, Técnica de Redação. Nessa mesma Faculdade, ela chefiou o Departamento de Linguística de 08/1986 a 11/1987.

Com a desativação do curso de pós-graduação de Assis, foi convidada a atuar como professora voluntária no Programa de Pós-graduação em Estudos Linguísticos (Linha "Estudos do Texto e do Discurso") da Universidade Estadual Paulista, *campus* de São José do Rio Preto.

Para além de sua docência e pesquisa, Clélia presidiu o Grupo de Estudos Linguísticos do Estado de São Paulo (GEL), de 1999 a 2001, tendo atuado nos conselhos editoriais das revistas *Alfa* (revista de Linguística da Unesp), *Linguística* (revista da Associação de Linguística e Filologia da América Latina, Alfal), entre outros. Na Alfal, ela atuou como Delegada do Brasil, e posteriormente, como Vogal da Diretoria.

Foi parecerista da Fapesp, da Capes, da Associação Nacional de Pesquisa e Pós-Graduação em Letras e Linguística (Anppoll), e de várias instituições universitárias brasileiras.

ÁREAS DE PESQUISA

A Linguística do Texto e a perspectiva textual-interativa

A partir de 1988, Clélia Jubran passou a integrar o Grupo de Trabalho de Linguística Textual do projeto coletivo Gramática do Português Falado, juntamente com Hudinilson Urbano, José Gaston Hilgert, Leonor Lopes Favero, Luiz Carlos Travaglia, Luiz Antonio Marcuschi, Maria Cecilia Perez de Souza e Silva, Mercedes Sanfelice Risso, sob a coordenação de Ingedore Grunfeld Villaça Koch.

Como Bolsista do CNPq, Nível 1C, ela atuou nesse domínio nas seguintes subáreas:

(1) Oralidade e topicidade textual, objetivando estudar a organização tópica da conversação, tanto no plano da hierarquização dos tópicos discursivos, quanto na sua distribuição na linearidade do texto.

(2) Português culto falado: análise textual-interativa, objetivando descrever as propriedades formais e funcionais das estratégias de construção do texto falado, com destaque às marcas indiciadoras da elaboração textual e das relações interpessoais acionadas no intercâmbio verbal.

(3) Texto falado e metadiscursividade, objetivando descrever modalidades, procedimentos e funções do metadiscurso em diferentes gêneros textuais falados e escritos.

(4) Oralidade e letramento, especificamente a linguagem dos parkinsonianos, objetivando o estudo das relações entre o oral e o gráfico.
(5) Estudos do texto, tendo por objetivo descrever os processos de construção de textos falados e escritos, sob a perspectiva textual-interativa, de que trata a próxima seção.

Esse grupo desenvolveu e ela formulou a teoria *Perspectiva textual-interativa*, quando lhe coube a árdua tarefa de consolidar os resultados obtidos, entre 1988 e 2006. Em consulta constante com seus colegas, ela editou em 2006 o volume *Gramática do português culto falado no Brasil*: *construção do texto falado*, em que se adotou

> [...] uma concepção específica da linguagem, que passa a ser vista como uma forma de ação, uma atividade verbal exercida entre dois protagonistas, dentro de uma localização contextual, em que um se situa reciprocamente em relação ao outro, levando em conta as circunstâncias da enunciação, de que fazem parte os entornos espaçotemporal e histórico-social que unem os interlocutores. (Jubran, 2015: 22)

O ponto forte da articulação deste Grupo de Trabalho está em sua *"visão da linguagem como manifestação de uma competência comunicativa, definível como a capacidade de manter a interação social mediante a produção e o entendimento de textos que funcionam comunicativamente"*.

Seus pesquisadores insistem em que essa competência comunicativa não tem, com relação à competência linguística, um caráter de exclusão ou de adição. Por outras palavras, não se trata de

> [...] ampliar o objeto de estudos da Linguística Estrutural, acrescentando-lhe componentes pragmáticos. Trata-se, na verdade, de um enfoque particular do heterogêneo fenômeno da linguagem, com o consequente estabelecimento de um objeto de estudos que leva a pesquisar a língua sob a forma com que ela comparece socialmente, e não sob a forma de um sistema abstrato de signos. (Jubran, 2015: 23)

O texto enquanto objeto de estudo deve ser definido como um produto linguístico marcado pela dinâmica da atuação interacional. A Pragmática, a Análise da Conversação e a Linguística do Texto fornecem os marcos dentro dos quais se movimentam as análises: "*a visão do texto falado como uma atividade estruturada, que apresenta regularidades próprias de organização, sustenta a possibilidade de uma abordagem gramatical do texto"* (Jubran, 2006: 33).

Para operacionalizar esses conceitos, o GT investigou a natureza e a especificidade de produção do texto falado, sua organização tópica, os processos de construção textual e os marcadores discursivos, pondo em destaque as funções textuais e interacionais desempenhadas pelos processos e mecanismos de elaboração do texto falado.

Uma Linguística Textual diacrônica

O sucesso obtido nesse empreendimento levou-me a convidá-la a integrar-se no Projeto de História do Português Paulista (PHPP), projeto temático de equipe financiado pela Fundação de Amparo à Pesquisa do Estado de São Paulo que ela vinha coordenando. O PHPP compreende vários subprojetos, coordenados pelos seguintes pesquisadores: Ataliba T. de Castilho, Maria Lúcia Victorio de Oliveira Andrade, Sanderléia Roberta Longhin, José da Silva Simões, Manoel Mourivaldo Santiago Almeida, Maria Aparecida C. R. Torrres Morais, Maria Célia Lima-Hernandes, Sílvio de Almeida Toledo Neto, Verena Kewitz.

Ao convidá-la, meu propósito era que as formulações da perspectiva textual-interativa fossem examinadas do ponto de vista diacrônico.

O PHPP integra-se num projeto de âmbito nacional, o Projeto para a História do Português Brasileiro (PHPB). No âmbito desse grande projeto, ela vinha editando o volume 8 da obra coletiva *Historiando o português brasileiro*, subtitulado "Abordagem diacrônica dos processos de construção textual".

Os seguintes capítulos integram essa obra, cuja editoria foi assumida por Eduardo Penhavel e Marcos Rogério Cintra:

- Apresentação – Eduardo Penhavel – "Abordagem diacrônica dos processos de construção textual"
- Cap. 1. Eduardo Penhavel, Alessandra Castilho – "Topicalidade"
- Cap. 2. Anita Simões, Clélia Jubran – "Repetição"
- Cap. 3. José Gaston Hilgert – "Parafraseamento"
- Cap. 4. Marcos Rogério Cintra – "Correção"

- Cap. 5. Valéria Vendrame – "Parentetização"
- Cap. 6. Clélia Jubran – "Referenciação"
- Considerações finais

Por ocasião do IX Seminário Nacional do PHPB, celebrado na Universidade Federal de Alagoas em 2014, ela apresentou com brilhantismo os resultados obtidos até então por esses pesquisadores.

PRODUÇÃO CIENTÍFICA

Livros

1. JUBRAN, C. C. A. S.; KOCH, I. G. V. (Orgs.). *Gramática do português culto falado no Brasil*: construção do texto falado. v. 1. Campinas: Editora da Universidade Estadual de Campinas/ Fundação de Amparo à Pesquisa do Estado de São Paulo, 2006.
2. JUBRAN, C. C. A. S. *A construção do texto falado*. São Paulo: Editora Contexto/Fundação de Amparo à Pesquisa do Estado de São Paulo, 2. ed., 2015.

Capítulos de livro

1. JUBRAN, C. C. A. S. A repetição como processo configurador de tradição discursiva. In: Manoel Mourivaldo Santiago Almeida; Maria Célia Lima-Hernandes. (Orgs.). *História do Português Paulista*. Campinas: Unicamp/IEL, v. III, pp. 269-283, 2012.
2. JUBRAN, C. C. A. S. Diacronia dos processos constitutivos do texto. In: Dermeval da Hora; Camilo Rosa Silva. (Orgs.). *Para a História do Português Brasileiro*: abordagens e perspectivas. João Pessoa: Ideia/Editora Universitária, v. VIII, pp. 204-239, 2010.
3. FÁVERO, L. L.; JUBRAN, C. C. A. S.; BARROS, K. S. M.; TOSCANO, M. E. S.; ANDRADE, M. L. V. de O.; CRESCITELLI, M. F.; GALEMBEK, T.; AQUINO, Z. G. O. Interação em diferentes contextos. In: Anna Christina Bentes da Silva; Marli Quadros Leite. (Orgs.). *Linguística de Texto e Análise da Conversação*: panorama das pesquisas no Brasil. São Paulo: Cortez, pp. 91-158, 2010.
4. JUBRAN, C. C. A. S. Procedimentos metadiscursivos em cartas de aldeamento de índios. In: M. A. C. R. T. Morais; M. L. C. V. O. Andrade. (Orgs.). *História do português paulista*. Campinas; São Paulo: IEL, Setor de Publicações/Fapesp, v. 2, pp. 309-324, 2009.
5. JUBRAN, C. C. A. S. Uma gramática textual de orientação interacional. In: A. T. Castilho; M. A. T. Morais; R. E. V. Lopes; S. M. Cyrino. (Orgs.). *Descrição, história e aquisição do português brasileiro*. Homenagem a Mary A. Kato. Campinas; São Paulo: Pontes; Fapesp, pp. 1-69, 2007.
6. JUBRAN, C. C. A. S. A perspectiva textual-interativa. In: Clélia Cândida Abreu Spinardi Jubran; Ingedore Grunfeld Villaça Koch. (Orgs.). *Gramática do português culto falado no Brasil*: construção do texto falado. v. I. Campinas: Editora da Unicamp/Fapesp, pp. 27-36, 2006.
7. JUBRAN, C. C. A. S. Tópico discursivo. In: Clélia Cândida Abreu Spinardi Jubran; Ingedore Grunfeld Villaça Koch. (Orgs.). *Gramática do português culto falado no Brasil*: construção do texto falado. v. I. Campinas: Editora da Unicamp/Fapesp, 2006, pp. 89-132.

8. JUBRAN, C. C. A. S. Parentetização. In: Clélia Cândida Abreu Spinardi Jubran; Ingedore Grunfeld Villaça Koch. (Orgs.). *Gramática do português culto falado no Brasil*: construção do texto falado. v. I. Campinas: Editora da Unicamp, pp. 301-357, 2006.
9. JUBRAN, C. C. A. S. Especificidades da referenciação metadiscursiva. In: Ingedore G. V. Koch; Edwiges Morato; Anna Christina Bentes (Orgs.). *Referenciação e discurso*. São Paulo: Contexto, pp. 219-241, 2005.
10. JUBRAN, C. C. A. S. Funções textuais-interativas dos parênteses. In: Maria Helena de Moura Neves (Org.). *Gramática do português falado*. v. VII. São Paulo/Campinas: Humanitas/Editora da Unicamp, pp. 131-158, 1999.
11. JUBRAN, C. C. A. S. A metadiscursividade como recurso textual-interativo em entrevista televisiva. In: Kazue Saito Monteiro de Barros (Org.). *Produção textual*: interação, processamento, variação. Natal: Editora da Universidade Federal do Rio Grande do Norte, pp. 9-19, 1999.
12. JUBRAN, C. C. A. S. Para uma descrição textual-interativa das funções da parentetização. In: Mary A. Kato (Org.). *Gramática do português falado*. v. V. Campinas/São Paulo: Editora da Unicamp/Fapesp, pp. 339-354, 1995.
13. JUBRAN, C. C. A. S. Parênteses: propriedades identificadoras. In: A. T. de Castilho; Margarida Basílio (Orgs.). *Gramática do português falado*. v. IV. Campinas/São Paulo: Editora da Unicamp/Fapesp, pp. 411-421, 1996.
14. JUBRAN, C. C. A. S. Inserção: um fenômeno de descontinuidade na organização tópica. In: A. T. de Castilho (Org.). *Gramática do português falado*. v. III. Campinas/São Paulo: Editora da Unicamp/Fapesp, pp. 61-74, 1993.
15. JUBRAN, C. C. A. S.; URBANO, H.; KOCH, I. G. V.; RISSO, M. S. Organização tópica na conversação. In: Rodolfo Ilari (Org.). *Gramática do português falado*. v. II. Campinas: Editora da Unicamp, pp. 357-440, 1992.
16. JUBRAN, C. C. A. S.; URBANO, H.; KOCH, I. G. V.; RISSO, M. S. Aspectos do processamento do fluxo de informação no discurso oral dialogado. In: Ataliba T. de Castilho (Org.). *Gramática do português falado*. v. I. Campinas/São Paulo: Editora a Unicamp/Fapesp, pp. 143-184, 1990.
17. JUBRAN, C. C. A. S. Abordagem sintático-semântica do texto. In: Francisco da Silva Borba (Org.). *Estudos de filologia e linguística dedicados a Isaac Nicolau Salum*. São Paulo: T. A. Queiroz/ Edusp, pp. 229-237, 1981.

Artigos em revistas científicas

1. JUBRAN, C. C. A. S. Metadiscurso entre parênteses. *Estudos Linguísticos*, 38: 293-303, 2009.
2. JUBRAN, C. C. A. S. Revisitando a noção de tópico discursivo. *Cadernos de Estudos Linguísticos*, 48.(1): 33-41, 2006.
3. JUBRAN, C. C. A. S. A significação enunciativa enunciada. *Estudos Linguísticos*, Campinas, 34: 299-303, 2005.
4. JUBRAN, C. C. A. S. Discurso como objeto-de-discurso em expressões nominais anafóricas. *Cadernos de Estudos Linguísticos*, Campinas, 44: 93-103, 2003.
5. JUBRAN, C. C. A. S. Relevo informacional. *Estudos Linguísticos*, São Paulo, 32: s/p-s/PP, 2003.
6. JUBRAN, C. C. A. S. Marcadores metadiscursivos em entrevistas televisivas: funções textuais-interativas. *Estudos Linguísticos*, São Paulo, 31: pp. s/p-s/PP, 2002.
7. JUBRAN, C. C. A. S. Marcas formais da emergência da atividade discursiva no texto falado. *Estudos Linguísticos*, Assis, 29: 112-122, 2000.
8. JUBRAN, C. C. A. S. A materialização linguística da busca de denominações em textos falados. *Revista do Gelne* (UFC), Fortaleza, 2.1: 41-44, 2000.

9. JUBRAN, C. C. A. S. Metadiscurso em entrevista televisiva: um enfoque interacional. *Scripta* (PUC-MG), Belo Horizonte, 4.7: 96-109, 2000.
10. JUBRAN, C. C. A. S. Retornos e estratégias de reconstrução do texto falado. *Estudos Linguísticos*, São José do Rio Preto, 27: 700-704, 1998.
11. JUBRAN, C. C. A. S; RISSO, M. S. O discurso autorreflexivo: processamento metadiscursivo do texto. *D.E.L.T.A. Documentação de Estudos em Linguística Teórica e Aplicada*, São Paulo, 14: 227-242, 1998.
12. JUBRAN, C. C. A. S. Fundamentos teóricos para a descrição textual-interativa do texto falado. *Estudos Linguísticos*, São Paulo, 25: 224-230, 1996.
13. JUBRAN, C. C. A. S. A função modalizadora dos parênteses. *Letras & Letras*, Uberlândia, 11.1: 227-231, 1995.
14. JUBRAN, C. C. A. S. Dialogicidade e co-autoria no texto falado. *Confluência*. Boletim do Departamento de Linguística da Unesp/Assis, 3, número especial: 64-72, 1994.
15. JUBRAN, C. C. A. S; RISSO, M. S. O texto jornalístico. *Estudos Linguísticos*, São Paulo, 22: 392-427, 1993.
16. JUBRAN, C. C. A. S; RISSO, M. S. Para uma nova gramática da língua portuguesa. *Gramática. Publicação do Curso de Pós-Graduação em Linguística e Língua Portuguesa*, Araraquara, ano I, 1: 46-50, 1986.
17. JUBRAN, C. C. A. S. A metáfora e a metonímia na linguagem da propaganda. *Estudos Linguísticos*, São Paulo, 10: 27-31, 1985.
18. JUBRAN, C. C. A. S. A posse do discurso em "São Bernardo". *Revista de Letras*, São Paulo, 23.1: 39-47, 1983.
19. JUBRAN, C. C. A. S. Recursos fono-estilísticos em O Ateneu. *Alfa* (ILCSE/Unesp), São Paulo, 27.1: 53-63, 1983.
20. JUBRAN, C. C. A. S.; SANT'ANA, V.; SIMON, I. M. Carlos Drummond de Andrade – dos compromissos sociais à busca da poesia. *Projekt*, Assis, 1.1: 10-29, 1968.

ORIENTAÇÃO DE TRABALHOS DE GRAU

Dissertações de mestrado

1. SIMÕES, Anita de Lima. *Marcadores discursivos no processo de retextualização de entrevistas*. São José do Rio Preto, 2008. Programa de Pós-Graduação em Estudos Linguísticos, Instituto de Biociências, Letras e Ciências Exatas – Unesp.
2. BASSETTO, Lívia Maria Turra. *O processo de construção referencial nas crônicas de temas políticos escritas por Carlos Heitor Cony*. São José do Rio Preto, 2008. Programa de Pós-Graduação em Estudos Linguísticos, Instituto de Biociências, Letras e Ciências Exatas – Unesp.
3. VIGNOLI, Jacqueline Costa Sanches. *"Os alunos não sabem escrever"*: a (des)organização tópica de redações escolares. São José do Rio Preto, 2007. Programa de Pós-Graduação em Estudos Linguísticos, Instituto de Biociências, Letras e Ciências Exatas – Unesp.
4. AMARAL, Sílvia Lopes do. *A citação na entrevista televisiva*: um procedimento argumentativo. 2001. Programa de Pós-Graduação em Linguística, Universidade Estadual Paulista Júlio de Mesquita Filho.
5. GRECO, Eliana Alves. *Polifonia em textos publicados na revista feminina Nova*. 1999. Universidade Estadual Paulista Júlio de Mesquita Filho.
6. ROMUALDO, Edson Carlos. *Intertextualidade e polifonia na charge jornalística*. Assis, 1996. Faculdade de Ciências e Letras de Assis – Unesp.

7. PASSETTI, Maria Célia Cortez. *O discurso irônico*: análise da argumentação irônica em textos opinativos da Folha de São Paulo. Assis, 1995. Faculdade de Ciências e Letras de Assis – Unesp.
8. GONZALES, Lucilene dos Santos. *A imanente concepção de loucura em contos de Guimarães Rosa*. Assis, 1993. Faculdade de Ciências e Letras de Assis – Unesp.
9. GARBELINI, Juscéia Aparecida Veiga. *As vozes de Deus* – um estudo do discurso religioso de igrejas cristãs. Assis, 1993. Faculdade de Ciências e Letras de Assis – Unesp.
10. VIEIRA, Márcia Zan Madalosso. *A expressão poética na obra de Emiliano Perneta*. Assis, 1991. Faculdade de Ciências e Letras de Assis – Unesp.
11. SANTOS, Maria do Carmo Oliveira Turchiari. *As reformulações no português falado*: um mecanismo de argumentação. Assis, 1990. Faculdade de Ciências e Letras de Assis – Unesp.
12. PANICHI, Edina Regina Pugas. *O processo criativo e a adjetivação na obra de Pedro Nava*. Assis, 1988. Faculdade de Ciências e Letras de Assis – Unesp.

Teses de doutorado

1. PONTES, Margarida Amália Romani de. *Reescrita e intertextualidade*: uma análise descritiva. São José do Rio Preto, 2011. Instituto de Biociências, Letras e Ciências Exatas – Unesp.
2. PINHEIRO, Clemilton Lopes. *Integração de fatos formulativos e interacionais na construção do texto*: um estudo a partir da topicalidade. São José do Rio Preto, 2003. Instituto de Biociências, Letras e Ciências Exatas – Unesp.
3. PASSETTI, Maria Célia Cortêz. *Polemicidade em perguntas e respostas de entrevistas televisivas*. São José do Rio Preto, 2002. Instituto de Biociências, Letras e Ciências Exatas – Unesp.
4. GOMES, Maria José de Toledo. *O discurso e a prática do professor de português*. Assis, 1995. Faculdade de Ciências e Letras de Assis – Unesp.

KLEBSON OLIVEIRA

(ALCOBAÇA, 22 DE JULHO DE 1974 – SALVADOR, 8 OUTUBRO DE 2014)

Ana Sartori[25]

INTRODUÇÃO

Klebson Oliveira nasceu em 22 de julho de 1974, em Alcobaça, no sul da Bahia. Durante sua breve e intensa trajetória acadêmica, foi professor de Língua Portuguesa da Universidade Federal da Bahia, membro do Programa para a História da Língua Portuguesa (PROHPOR) e integrante do Projeto Nacional Para a História do Português Brasileiro (PHPB). No dia 8 de outubro de 2014, aos 40 anos de idade, veio a falecer, deixando-nos saudades e, de legado, uma obra extremamente inspiradora, que se destaca pela originalidade e relevância dos temas abordados.

ATUAÇÃO PROFISSIONAL

Klebson Oliveira formou-se em 1999 no curso de bacharelado em Letras Vernáculas da Universidade Federal da Bahia; no ano seguinte, concluiu a Licenciatura na mesma Universidade. Durante a graduação, foi inicialmente bolsista do Programa Especial de Treinamento (PET) criado pela Capes, tendo sido orientado por Therezinha Barreto. A seguir, passou a ser orientando de iniciação científica de Tânia Lobo, desenvolvendo, desde então, um intenso trabalho de exploração de arquivos, que o levou a localizar um dos mais importantes e raros acervos de escrita de negros do país.

Em 2001, ingressou no mestrado em Letras e Linguística da UFBA, tendo defendido, no ano de 2003, a dissertação intitulada *Textos escritos por africanos e afrodescendentes na Bahia do século XIX: fontes do nosso latim vulgar?*, orientada por Rosa Virgínia Mattos e Silva e co-orientada por Tânia Lobo. Tendo sido sua dissertação avaliada como de excepcional qualidade, fez progressão direta do mestrado para o doutorado. No doutorado, acompanhado pelas mesmas orientadoras, fez estágio com bolsa-sanduíche em Portugal, sob a supervisão de Rita Marquilhas. Sua tese, intitulada *Negros e escrita no Brasil do século* XIX*: sócio-história, edição filológica de documentos e estudo linguístico*, foi defendida em 2006; no ano seguinte, obteve honra ao mérito no Prêmio Capes de Tese. O livro *Depois das reuniões*: *negros e escrita no Brasil do século* XIX, uma adaptação da sua tese, está, atualmente, no prelo, pela Editora da Universidade Federal da Bahia.

De 2008 a 2010, sob a supervisão de Rosa Virgínia Mattos e Silva, fez o pós-doutorado em Linguística Histórica na Universidade Federal da Bahia, desenvolvendo o projeto de pesquisa intitulado "Procuram-se fontes para a história do nosso latim vulgar". Em 2008, atuou como professor convidado da pós-graduação em Letras e Linguística da Universidade Federal da Bahia, ministrando, no âmbito dos Seminários Avançados, um módulo sobre o tema do seu pós-doutorado; em 2009, lecionou, também na pós-graduação, a disciplina Tópicos em Diacronia.

Em 2010, ingressou como professor de Língua Portuguesa da Universidade Federal da Bahia.[26]

ÁREAS DE PESQUISA

Para uma história do português popular brasileiro

Em "Ideias para a história do português brasileiro: fragmentos para uma composição posterior", conferência de abertura do I Seminário do PHPB, Rosa Virgínia Mattos e Silva,[27] considerava que:

> Para atingirmos o objetivo de reconstruir uma história do português brasileiro, teremos de enfrentar a reconstrução de uma história social linguística do Brasil, a partir de fontes históricas múltiplas [...]; teremos de interpretar, numa perspectiva sócio-histórica linguística ou sociolinguística e linguística [...], o português brasileiro no seu passado em direção ao presente, com base em *corpus* documental seriado que represente tanto as normas vernáculas como as normas cultas; teremos de comparar o português brasileiro com o europeu desde pelo menos o português de quinhentos em direção aos nossos dias.

Com relação à primeira das três tarefas elencadas, afirmava a autora que, para se realizar a reconstrução de uma história social linguística do Brasil, seria necessário, nos termos já definidos por Houaiss (1985),[28] tanto a recuperação da articulação entre fatos de ocupação territorial, das distribuições demográfico-linguísticas, das prevalências e desaparecimentos de línguas no Brasil, quanto a reconstrução da história da penetração da língua escrita no país, "*para compreender-se a polarização entre normas vernáculas e normas cultas do português brasileiro*" (p. 40). Para a segunda tarefa, a de interpretar o português brasileiro no seu passado em direção ao presente, numa perspectiva sócio-histórica linguística ou sociolinguística e linguística, seria necessário

> [...] um conjunto significativo de documentação representativa, desde os estilos mais informais (cartas particulares, narrativas pessoais, documentos em que o emissor e sua definição social possam ser percebidos etc.) até os mais formais (documentação oficial, documentação literária etc.). (Houaiss, 1985: 44)

No âmbito do Programa de História do Português, o trabalho de exploração de arquivos com vistas à constituição de *corpora* linguísticos para a história do português brasileiro iniciou-se com a edição feita por Tânia Lobo de cartas particulares escritas por portugueses e brasileiros, no Recôncavo da Bahia, no século XIX e preservadas no Convento de Santa Clara do Desterro, fundado em Salvador, no ano de 1677.[29] Paralelamente à edição das cartas que compõem o *corpus* da sua tese, tendo sido contemplada com Bolsa de Desenvolvimento Científico Regional (DCR/CNPq), supervisionou Tânia Lobo um projeto mais amplo de prospecção do Arquivo Público do Estado da Bahia, do qual resultou a publicação, pela Humanitas, em 2002, das *Cartas baianas setecentistas*. Foi no âmbito desse projeto de edição de cartas que se iniciou Klebson Oliveira na pesquisa arquivística. Trata-se de um conjunto de 126 cartas oficiais escritas por juízes ordinários ou juízes de instâncias superiores – desembargadores, vinculados a comarcas do Recôncavo da Bahia ou à antiga Comarca dos Ilhéus. Os juízes ordinários eram conhecidos como juízes da terra, por serem moradores das localidades onde exerciam a sua jurisdição e não eram obrigatoriamente formados em leis; já os juízes de instâncias superiores, além de obrigatoriamente formados em leis, eram, em princípio, portugueses.

Ainda no final da graduação, motivado pela leitura da obra do historiador baiano João José Reis, e, em particular pelo artigo "Identidade e diversidade étnicas nas irmandades no tempo da escravidão" (Reis, 1997), Klebson Oliveira fez, seguindo pistas indicadas por Rosa Virgínia Mattos e Silva, o grande achado de documentos escritos no século XIX por africanos e afrodescendentes livres e libertos, preservados na Sociedade Protetora dos Desvalidos (SPD), anteriormente, Irmandade de Nossa Senhora Amparo dos Desvalidos, uma irmandade negra da cidade de Salvador, fundada em 1832. A localização de tais documentos, como destacado por Lobo e Oliveira (2007), é de fundamental importância por, pelo menos, dois aspectos:

> São fontes que, se supõe, devam permitir uma reconstrução significativamente mais aproximada das chamadas normas vernáculas do português brasileiro. Desvelam, nas investigações sobre a história da cultura escrita no Brasil, um campo de estudos ainda quase por explorar: o dos caminhos trilhados por negros livres e libertos, integrantes de grupos sociais subalternos, para aprenderem a ler e escrever.

A partir de então, define-se o que marcará sua breve trajetória acadêmica: sua condição de filólogo, paleógrafo e historiador da cultura escrita no Brasil, tendo, conforme se lê no texto de apresentação do seu *curriculum* Lattes, "*como objeto de pesquisa, as práticas de leitura e escrita entre indivíduos que, historicamente, viveram às margens*[:] *negros, mulheres, cangaceiros etc.*".

Em sua pesquisa de mestrado, fez uma edição conservadora de 111 documentos, sobretudo atas de reuniões da SPD, e uma análise sócio-histórica, na qual procurou desvelar o universo dos negros no mundo da escrita. Em seu doutorado, debruçou-se também sobre a escrita de negros na Bahia do século XIX. Foram editados, ao todo, 290 documentos, também, sobretudo, atas da SPD. Interpretando "indícios", propôs três vias para explicar por que, apesar de tolhidos do ensino escolarizado da leitura e da escrita, não eram os negros 100% analfabetos. Tais vias seriam as relações afetuosas dos escravos com a família senhorial, a especialização de certos ofícios/profissões, que exigiam algum conhecimento de leitura, escrita e contagem e, por fim, a representação positiva da alfabetização entre negros e o papel das irmandades negras. Além da análise sócio-histórica que circunda a escrita de negros no Brasil escravista, realizou um estudo linguístico sobre os documentos, contemplando fenômenos que recebem geralmente pouca atenção nos estudos sobre o português brasileiro em perspectiva histórica, tais como a segmentação gráfica, as grafias para sílabas complexas e as marcas da oralidade na escrita.

A edição dos documentos da SPD frutificou na realização de dez estudos morfossintáticos sobre o português escrito por africanos no Brasil do século XIX, publicados no livro *África à vista*, pela Editora da Universidade Federal da Bahia, em 2009, sob a organização de Tânia Lobo e Klebson Oliveira. No seu "Posfácio" ao livro, Charlotte Galves (pp. 353-354) destaca "'*a dupla competência linguística subjacente às atas*', *o que contaria, portanto, a expectativa inicial de que os documentos que nos legaram os membros da* SPD *seriam apenas 'fontes do nosso latim vulgar'*":

> Os documentos estudados neste livro fogem às expectativas comuns sobre a produção escrita. Encontra-se, com efeito, neles o que nos aparece como uma contradição. Por um lado, como enfatizado em vários capítulos, a sintaxe das Atas é perfeitamente condizente com a sintaxe portuguesa padrão da época. Encontramos uma colocação de clíticos clássica (Capítulo 5), uma sintaxe de regência quase impecável, do ponto de vista da norma (cf. Capítulo 3), construções hoje obsoletas na língua corrente, como a expressão do passivo com o pronome se (Capítulo 4), um uso do sujeito nulo bem mais próximo do português clássico do que do português brasileiro do século XXI (Capítulo 2) e, enfim, períodos complexos, contendo orações subordinadas completivas, adjuntas e relativas variadas e também, em sua grande maioria, compatíveis com o padrão normativo da época (Capítulos 6 e 7). Por outro lado, observamos, em alguns aspectos, um desempenho profundamente desviante em relação a esse padrão. Nessa categoria se encontram os fenômenos relativos à concordância, tanto nominal quanto verbal (Capítulos 8 e 9), fenômenos esses que têm sido relacionados ao processo de crioulização ou semicrioulização (cf. Coelho, 1880-1886;[30] Guy, 1981;[31] Baxter e Lucchesi, 1999)[32] ou, de um ponto de vista de uma teoria mais ampla do contato linguístico, à transmissão irregular (Lucchesi, 2003)[33] ou aprendizagem imperfeita (Kroch, 2001)[34]. Convivem, assim, nas Atas, um domínio da norma quase sem falhas, quando consideramos certos aspectos da sintaxe, e um desvio reiterado dessa mesma norma, quando se trata de concordância nominal e verbal.

Além do trabalho com o acervo da Sociedade Protetora dos Desvalidos, Klebson Oliveira localizou, durante o doutorado, 14 documentos – 13 cartas e uma procuração de bens – escritos por escravos, de próprio punho ou como expressão de sua vontade, sendo um deles do século XVIII e os demais do XIX. Tais textos, garimpados em três arquivos – o Arquivo Público do Estado da Bahia, o Arquivo Público do Estado do Piauí e o Arquivo Público do Estado de São Paulo – foram comentados em sua tese de doutorado e analisados em "E agora, com a escrita, os escravos!" – publicado, em 2004, no livro *Do português arcaico ao português brasileiro*, sob a organização de Sônia Borba e Américo Machado Filho –, texto também traduzido para o espanhol, "Y ahora, los esclavos brasileños y la escritura", e publicado, em 2005, no livro *Letras bajo sospecha*, organizado por Antonio Castillo Gómez e Verónica Sierra Blas.

Durante a pesquisa de pós-doutorado e no período em que foi professor da Universidade Federal da Bahia, seus estudos continuaram gravitando em torno da localização e análise de fontes escritas que permitissem "*aproximações do percurso histórico do português popular brasileiro*", sendo sempre privilegiadas, portanto, as manifestações gráficas produzidas pelas classes subalternas. No escopo de seu projeto de pesquisa de pós-doutorado, foram localizados e analisados tábuas votivas e escritos de cangaceiros, produzidos ao longo do século XIX e na primeira metade do século XX.

As chamadas "tábuas votivas" são um dos tipos de ex-votos; eram tabuinhas encomendadas como oferta por alguma graça recebida, as quais geralmente continham um desenho em que aparecem a figura do agraciado e a divindade ou santo milagroso e uma legenda, abaixo da imagem, em que se narrava o ocorrido. Segundo Oliveira (2009:186), "*a literatura sobre o tema é unissona em afirmar que os denominados 'riscadores de milagres', em sua grande maioria, se enquadram no âmbito das classes populares ou subalternas*". Para a localização das tábuas votivas, Klebson Oliveira recorreu ao acervo da Igreja de Nosso Senhor do Bomfim, na Bahia, do Museu de Arte Sacra de Angra dos Reis, no Rio de Janeiro, do Santuário de Nosso Senhor de Matosinhos, em Congonhas do Campo, Minas Gerais, ao catálogo organizado por Márcia de Moura Castro (1994),[35] com tábuas votivas provenientes de cidades mineiras, e ao acervo particular do antropólogo Luiz Mott, na Bahia. Análises com base nessas fontes foram publicadas na revista *Cadernos de Letras da Universidade Federal Fluminense*, em texto que levou como título "As tábuas votivas: imagem e texto no mesmo endereço", e no livro *Do português arcaico ao português brasileiro: outras histórias*, em texto intitulado "As tábuas votivas do século XVIII ao XX: mais uma fonte para a história do nosso latim vulgar".

Como afirma Oliveira (2009: 120), "*a oralidade tinha papel importante dentro da rede social tecida pelo cangaço*"; por outro lado, o cangaço também desencadeou escrituras de naturezas diversas: cartas, bilhetes, acordos governamentais, relatórios, literatura etc., sendo que, no projeto levado a cabo por Klebson Oliveira, o alvo foram as cartas e bilhetes, por terem saído das mãos dos próprios cangaceiros. A documentação por ele levantada foi buscada em diversos acervos: o acervo da Sociedade Brasileira de Estudos do Cangaço, da Associação Cabras de Lampião, do Instituto Histórico e Geográfico de Alagoas e do Arquivo Público do Estado de Alagoas. Entre as cartas e bilhetes recolhidos, produzidos no circuito do cangaço, destacam-se os 26 textos reunidos que foram redigidos por Virgulino Ferreira da Silva, o Lampião, como, por exemplo, aqueles analisados no texto "Cartas e bilhetes de Virgulino Ferreira da Silva, o Lampião: sócio-história, funções e um pouquinho de descrição linguística", publicado em 2009, no livro *Novos tons de Rosa: para Rosa Virgínia Mattos e Silva*.

Ainda perseguindo fontes que dissessem respeito à escrita de indivíduos que se encontravam à margem da sociedade, Klebson Oliveira chegou à africana Rosa Maria Egipcíaca da Vera Cruz, que viveu no século XVIII, uma ex-escrava, ex-prostituta, prisioneira dos cárceres da Inquisição portuguesa e, segundo seu biógrafo Luiz Mott (1993),[36] a primeira escritora da história afro-brasileira. Uma primeira análise sobre a produção escrita de Rosa Egipcíaca foi realizada por Klebson Oliveira e Tânia Lobo em "O nome dela era Rosa: epistolografia de uma ex-escrava no Brasil do século XVIII", publicado em 2012, em *ROSAE: Linguística histórica, história das línguas e outras histórias*.

Para uma história da cultura escrita no Brasil

Se as pesquisas realizadas por Klebson Oliveira contribuíram significativamente para a constituição de *corpora* linguísticos que permitissem conhecer variedades do português falado como segunda língua por africanos escravizados no Brasil e também variedades socialmente mais estigmatizadas do português falado como língua materna, pode-se, por outro lado, vislumbrar outra linha de pesquisa que sempre perpassou seus estudos, à qual servem igualmente os documentos por ele localizados e as análises sócio-históricas que envolvem a produção de tais documentos: a linha da história da cultura escrita no Brasil.

Na Bahia, esse campo de estudos foi institucionalizado com a criação, em 2009, no Programa de Pós-Graduação em Língua e Cultura da Universidade Federal da Bahia, da linha de pesquisa História da Cultura Escrita no Brasil. Vê-se, porém, que, desde antes, a pesquisa realizada por Klebson Oliveira estava completamente mergulhada na história da leitura e da escrita no Brasil, daí ser necessário destacar seu pioneirismo. Deve-se pontuar que sua tese abriu o caminho para a constituição da linha da História da Cultura Escrita no Brasil na pós-graduação da Universidade Federal da Bahia.

Em 2012, foi fundado, no âmbito do PROHPOR, o Programa HISCULTE – História da Cultura Escrita no Brasil,[37] constituído com o objetivo de desenvolver projetos de pesquisa ligados a nove campos, a seguir relacionados:

> CAMPO 1: *Mensuração de níveis de alfabetismo na história do Brasil*: dedicado ao estudo da difusão social da leitura e da escrita na sociedade brasileira, desde as suas origens coloniais, no século XVI, privilegiando não a via do discurso oficial nem a da história da escolarização, mas a da aplicação crítica do chamado método do cômputo de assinaturas a fontes documentais oriundas de esferas diversas, tais como a esfera religiosa, a jurídica e a administrativa.
>
> CAMPO 2: *Leitura e escrita aos olhos da Inquisição*: voltado à exploração vertical das fontes inquisitoriais produzidas no mundo colonial ibérico, articulando projetos em três esferas: 2.1. Mensuração de níveis de alfabetismo no mundo colonial ibérico (com aplicação do método de cômputo de assinaturas às fontes inquisitoriais); 2.2. Trajetórias singulares (em que, a partir de processos movidos pelo Santo Ofício, se analisará a relação de indivíduos singulares com a leitura e a escrita); e 2.3. Edição semidiplomática e modernizada de documentos (em que, a partir da análise do campo bibliográfico relativo a fontes primárias da Inquisição no Brasil e visando a preencher possíveis lacunas existentes, se realizarão edições semidiplomáticas e/ou modernizadas de textos relevantes).

CAMPO 3: *Escritas ordinárias e de foro privado na história do Brasil*: cujo propósito é trazer à luz e analisar as práticas de escrita de cartas particulares, diários íntimos, diários parentais, cadernos escolares, cadernos de confidências, livros de razão e uma infinidade de outras fontes que quase sempre jazeram esquecidas em baús e gavetas, não apenas para os retirar da constante iminência de destruição que sobre eles paira, mas para investi-los do caráter de legítimos objetos de investigação que podem mobilizar, até mesmo em projetos interdisciplinares, historiadores, linguistas, antropólogos etc.

CAMPO 4: *Prospecção de arquivos e acervos escritos de irmandades negras, de mestiços e de terreiros de candomblé*: que se propõe a mapear e explorar arquivos e acervos, supostamente raros, que preservem a memória de como africanos e seus respectivos descendentes não só adquiriram o português na oralidade, mas, sobretudo através dessa língua, foram também paulatinamente adentrando um mundo de cultura escrita.

CAMPO 5: *A escrita do nome próprio de pessoa na história do Brasil*: que tem como principal propósito analisar as mudanças que afetaram as práticas de escrita dos nomes de índios, africanos e seus respectivos descendentes, perseguindo fontes distintas, tais como certidão de batismo, cartas de alforria, testamentos, inventários, registros de matrícula em irmandades, certidões de casamento e registros civis.

CAMPO 6: *Língua portuguesa, escolarização e suas interfaces*: cujo objetivo é analisar o desenvolvimento do processo de escolarização do ensino da língua portuguesa no Brasil colonial e pós-colonial. Em paralelo ao objetivo central, definem-se ainda os seguintes objetivos: avaliar os métodos e os instrumentos pedagógicos disponíveis para o período referido em relação ao estudo da língua portuguesa; focalizar as políticas públicas para a educação relativas a espaços para o ensino, a professores, a alunos, e, por fim, verificar aspectos que envolvem a relação entre escolarização e questões demográficas, tais como a ocupação do solo e a mobilidade social.

CAMPO 7: *Políticas linguísticas e cultura escrita no Brasil*: que visa a investigar as políticas linguísticas sobre a língua portuguesa no território brasileiro e sua articulação com o ensino.

CAMPO 8: *História da cultura escrita das línguas clássicas e de outras línguas no Brasil*: que busca, a partir do levantamento de fontes primárias, observar os discursos, as práticas e as representações ligadas à cultura escrita de outras línguas – como, por exemplo, o latim, o grego, as línguas indígenas, as línguas africanas e as línguas de imigração – além do português.

CAMPO 9: *Fontes iconográficas e manifestações gráficas híbridas*: campo em que se alargam as possibilidades de observação, contemplando-se fontes "menos ortodoxas" – porque não escritas ou não exclusivamente escritas. Aqui o que se indaga é: qual a contribuição de ex-votos do tipo tábuas votivas, livros de arte, cartões postais, escrita cemiterial, *ex libris*, envelopes de cartas etc. para a reconstrução da história da cultura escrita no Brasil?

Como se pode observar pela leitura dos nove campos que constituem o HISCULTE, praticamente todos os estudos realizados por Klebson Oliveira, ao longo da sua trajetória acadêmica, inclusive aqueles aqui citados, estão contemplados nos campos de pesquisa listados, o que reforça a ideia, já exposta anteriormente, de que sua produção se encontra tão bem ligada à história do português popular brasileiro quanto à história da cultura escrita no Brasil.

PRODUÇÃO CIENTÍFICA[38]

Livros publicados/organizados

1. MATTOS E SILVA, Rosa Virgínia; OLIVEIRA, Klebson; Amarante José (Orgs.). *Várias navegações*: português arcaico, português brasileiro, cultura escrita no Brasil, outros estudos. Salvador: Editora da Universidade Federal da Bahia, 2013.
2. SANTIAGO, Huda da Silva; CARNEIRO, Zenaide de Oliveira Novais; OLIVEIRA, Klebson (Orgs.). *Cartas brasileiras (1809-2000)*: coletânea de fontes para o estudo do português. Volume 3 (1906-2000). Feira de Santana: Editora da Universidade Estadual de Feira de Santana, 2011.
3. OLIVEIRA, Klebson; CUNHA E SOUZA, Hirão F.; SOLEDADE, Juliana (Orgs.). *Do português arcaico ao português brasileiro*: outras histórias. Salvador: Editora da Universidade Federal da Bahia, 2009.
4. OLIVEIRA, Klebson; CUNHA E SOUZA, Hirão F.; GOMES, Luís (Orgs.). *Novos tons de rosa*: para Rosa Virgínia Mattos e Silva. Salvador: Editora da Universidade Federal da Bahia, 2009.
5. LOBO, Tânia; OLIVEIRA, Klebson (Orgs.). *África à vista*: dez estudos sobre o português escrito por africanos no Brasil do século XIX. Salvador: Editora da Universidade Federal da Bahia, 2009.
6. LOBO, Tânia; Ferreira, Permínio (Coord.); OLIVEIRA, Klebson; GONÇALVES, Uílton Santos (Orgs.). *Cartas baianas setecentistas*. São Paulo: Humanitas, 2002.
7. HAZIN, Elizabeth; OLIVEIRA, Klebson; COELHO, Juliana S. B.; LÉ, Jaqueline Barreto (Orgs.). *Minha terra tem palmeiras*. Salvador: Fundação Casa de Jorge Amado, 1997.

Capítulos de livro publicados

1. LOBO, Tânia; OLIVEIRA, Klebson. Ainda aos olhos da Inquisição: novos dados sobre níveis de alfabetização na Bahia em finais de quinhentos. In: Rosario Álvaez; Ana Maria Martins Martins; Henrique Monteagudo; Maria Ana Ramos (Orgs.). *Ao sabor do texto*: estudos dedicados a Ivo Castro. Santiago de Compostela: Universidade de Santiago de Compostela, pp. 273-291, 2013.
2. LOBO, Tânia; OLIVEIRA, Klebson. Aos olhos da Inquisição: níveis de alfabetismo na Bahia em finais de quinhentos. In: Rosa Virgínia Mattos e Silva; Klebson Oliveira; José Amarante (Orgs.). *Várias navegações*: português arcaico, português brasileiro, cultura escrita no Brasil, outros estudos. Salvador: Editora da Universidade Federal da Bahia, pp. 303-328, 2013.
3. OLIVEIRA, Klebson; LOBO, Tânia; O nome dela era Rosa: epistolografia de uma ex-escrava no Brasil do século XVIII. In: Tânia Lobo; Zenaide Carneiro; Juliana Soledade; Ariadne Almeida; Silvana Ribeiro. (Orgs.). *ROSAE:* linguística histórica, história das línguas e outras histórias. Salvador: Editora da Universidade Federal da Bahia, pp. 623-646, 2012.
4. LOBO, Tânia; Oliveira, Klebson. A história social linguística do Brasil no âmbito do "Projeto para a História do Português Brasileiro". In: Dermeval da Hora; Camilo Rosa Silva (Orgs.). *Para a história do português brasileiro*. Volume VIII: abordagens e perspectivas. João Pessoa: Editora da Universidade Federal da Paraíba/Idéia, pp. 329-376, 2010.
5. OLIVEIRA, Klebson. As tábuas votivas do século XVIII ao XX: mais uma fonte para a história do nosso "latim vulgar". In: Klebson Oliveira; Hirão F. Cunha e Souza; Juliana Soledade (Orgs.). *Do português arcaico ao português brasileiro*: outras histórias. Salvador: Editora da Universidade Federal da Bahia, pp. 132-173, 2009.
6. OLIVEIRA, Klebson. A escrita que mascara e desmascara: alteamento de vogais átonas em textos brasileiros oitocentistas. In: Klebson Oliveira; Hirão F. Cunha e Souza; Juliana Soledade (Orgs.). *Do português arcaico ao português brasileiro*: outras histórias. Salvador: Editora da Universidade Federal da Bahia, pp. 216-226, 2009.
7. OLIVEIRA, Klebson. Cartas e bilhetes de Virgulino Ferreira da Silva, o Lampião: sócio-história, funções e um pouquinho de descrição linguística. In: Klebson Oliveira; Hirão F. Cunha e Souza; Luís Gomes (Orgs.). *Novos tons de rosa*: para Rosa Virgínia Mattos e Silva. Salvador: Editora da Universidade Federal da Bahia, pp. 117-128, 2009.
8. OLIVEIRA, Klebson. Ajuntamento de fontes para a história do português popular brasileiro: amores, desamores e outras espécies de dores. In: Klebson Oliveira; Hirão F. Cunha e Souza; Luís Gomes (Orgs.). *Novos tons de rosa*: para Rosa Virgínia Mattos e Silva. Salvador: Editora da Universidade Federal da Bahia, pp. 175-195, 2009.
9. OLIVEIRA, Klebson; SOLEDADE, Juliana; SANTOS, Verônica de Souza. Concordância nominal (cenas da variação em palcos do século XIX). In: Tânia Lobo; Klebson Oliveira (Orgs.). *África à vista*: dez estudos sobre o português escrito por africanos no Brasil do século XIX. Salvador: Editora da Universidade Federal da Bahia, pp. 255-316, 2009.
10. OLIVEIRA, Klebson. Tem Afrânio Barbosa razão?: a posse das letras por dois negros do século XIX. In: Vanderci de Andrade Aguilera (Org.). *Para a história do português brasileiro*. v. VII: vozes, veredas, voragens. Londrina: Editora da Universidade Estadual de Londrina, pp. 285-343, 2009.
11. OLIVEIRA, Klebson; LOBO, Tânia. Introdução (ou sobre como a África, no Brasil, avista a escrita). In: Tânia Lobo; Klebson Oliveira (Orgs.). *África à vista*: dez estudos sobre o português escrito por africanos no Brasil do século XIX. Salvador: Editora da Universidade Federal da Bahia, pp. 6-49, 2009.
12. LOBO, Tânia; OLIVEIRA, Klebson. Escrita liberta: letramento de negros forros na Bahia do século XIX. In: Ataliba de Castilho; Maria Aparecida Torres Morais; Ruth E. Vasconcelos Lopes;

Sônia Maria Lazzarini Cyrino (Orgs.). *Descrição, história e aquisição do português brasileiro*. Campinas: Pontes/Fapesp, pp. 437-460, 2007.

13. MATTOS E SILVA, Rosa Virgínia; OLIVEIRA, Klebson; LOBO, Tânia. Panorama preliminar da história do letramento de negros na Bahia. In: Jânia Ramos; Mônica Alkmim (Orgs.). *Para a história do português brasileiro*. Volume V: estudos sobre mudança linguística e história social. Belo Horizonte: Faculdade de Letras da Universidade Federal de Minas Gerais, pp. 373-422, 2007.
14. OLIVEIRA, Klebson. Aquisição da escrita em textos de africanos e afro-descendentes no Brasil do século XIX: grafias para sílabas complexas, por exemplo. In: Tânia Lobo; Ilza Ribeiro; Zenaide Carneiro; Norma Almeida (Orgs.). *Para a história do português brasileiro*. v. VI: novos dados, nova análises. Salvador: Editora da Universidade Federal da Bahia, pp. 469-494, 2006.
15. OLIVEIRA, Klebson. Y ahora, los esclavos brasileños y la escritura. In: Antonio Castillo Gómez; Verónica Sierra Blas (Orgs.). *Letras bajo sospecha*. Gijón: Trea, pp. 289-320, 2005.
16. OLIVEIRA, Klebson. E agora, com a escrita, os escravos!. In: Sônia Bastos Borba Costa; Américo Venâncio Lopes Machado Filho (Orgs.). *Do português arcaico ao português brasileiro*. Salvador: Editora da Universidade Federal da Bahia, pp. 139-161, 2004.
17. LOBO, Tânia; OLIVEIRA, Klebson. A história social linguística do Brasil no âmbito do PHPB. In: Ataliba Teixeira de Castilho (Org.). *Historiando o português brasileiro*. História das línguas: variedades, gramaticalização, discurso. Relatório das atividades desenvolvidas ao abrigo do Programa CAPES-DAAD-PROBRAL, de 2000 a 2003 (Projeto 109/00). Coordenadores Ataliba T. de Castilho (USP/Brasil) – Konstanze Jungbluth (Tübingen/Alemanha). Disponível em <http://www.mundoalfal.org/Ataliba%20T.htm>. Acesso em: out. 2016.

Artigos em revistas científicas

1. OLIVEIRA, Klebson. Fontes para a história do português popular brasileiro: partidas e contrapartidas. *Revista Internacional de Lingüística Iberoamericana*, 16: 9-28, 2010.
2. OLIVEIRA, Klebson. Textos de escravos no Brasil oitocentista: os tempos de uma edição filológica e de uma antologia comentada de alguns fatos linguísticos. *Filologia e Linguística Portuguesa*, 10/11: 189-220, 2009.
3. OLIVEIRA, Klebson. Rotacismos e outras rotas: fenômenos com as consoantes líquidas em textos escritos por africanos e afro-descendentes no Brasil do século XIX. *Estudos* (UFBA), 37/38: 227-260, 2008.
4. OLIVEIRA, Klebson. As tábuas votivas: imagem e texto no mesmo endereço. *Cadernos de Letras da UFF*, 1: 43-61, 2008.
5. OLIVEIRA, Klebson. O verso e o reverso: redução de ditongos e ditongação em textos escritos por negros no Brasil oitocentista. *Signum*: *Estudos de Linguagem*, 11: 155-175, 2008.
6. OLIVEIRA, Klebson. Ajuntamento de fontes para a história do português popular brasileiro: amores, desamores e outras espécies de dores. *Cadernos de Estudos Linguísticos (Unicamp)*, 50 (2): 217-230, 2008.
7. OLIVEIRA, Klebson. A escrita que mascara e desmascara: alteamento de vogais átonas em textos brasileiros oitocentistas. Interdisciplinar: *Revista de Estudos em Língua e Literatura*, 4: 44-57, 2007.
8. OLIVEIRA, Klebson. As tábuas votivas: mais uma fonte para a história do nosso latim vulgar. *Signos Linguísticos*, 6: 39-81, 2007.
9. OLIVEIRA, Klebson. O lugar do branco na escrita de negros: notas sobre segmentação gráfica em textos de africanos e afro-descendentes no Brasil do século XIX. *Revista Internacional de Lingüística Iberoamericana*, Berlim/Madrid, 1: 153-170, 2005.

10. OLIVEIRA, Klebson; Amarante, José. Como anda a realização do plural dos nomes em -ão na norma urbana culta de Salvador. *Hyperion*, Salvador, 1: 67-82, 1999.

ORIENTAÇÃO DE TRABALHOS DE GRAU

Trabalho de Conclusão de Curso

1. MORENO, André Luiz Alves. *Segredos revelados, mas não violados: as escritas secretas dos candomblés da Bahia*. Salvador, 2011. Trabalho de Conclusão de Curso – Universidade Federal da Bahia.

Co-orientação de Dissertação de Mestrado

1. SANTIAGO, Huda da Silva. *Um estudo do português popular brasileiro em cartas pessoais de "mãos cândidas" do sertão baiano*. Feira de Santana, 2012. Dissertação (Mestrado) – Universidade Estadual de Feira de Santana. Orientadora: Zenaide de Oliveira Novais Carneiro.

NOTAS

1 Faraco, Carlos Alberto. 40 anos de Linguística Histórica. In: Dermeval da Hora; Alves, Eliane Ferraz; Luciene C. Espínola (Orgs.). *Abralin*: *40 anos em cena*. João Pessoa: Editora Universitária da UFPB, 2009. pp. 99-116.

2 Castilho, Ataliba Teixeira de. Celebração de Rosa Virgínia Mattos e Silva. In: Tânia Lobo et al. (Orgs.). *ROSAE: linguística histórica, história das línguas e outras histórias*. Salvador: EDUFBA, pp. 19-23.

3 Comunicação pessoal a Tânia Lobo.

4 Comunicação pessoal a Tânia Lobo.

5 Comunicação pessoal a Tânia Lobo.

6 Comunicação pessoal a Tânia Lobo.

7 Os autores agradecem a colaboração das professoras Vera Rollemberg, Jacyra Mota e Suzana Alice Cardoso. Para mais detalhes sobre aspectos da formação e da trajetória acadêmica, consulte-se Machado Filho e Américo Venâncio, *Fragmentos biográficos*: *Rosa Virgínia Mattos e Silva*, 2 ed. revista e ampliada, Salvador, Quarteto, 2013.

8 Justifica-se o "talvez". A base para a apresentação da produção científica é o *curriculum* Lattes, que, contudo, não só não está completo, já que alguns textos foram publicados postumamente, como também, quanto a alguns aspectos, está insuficientemente preenchido.

9 Além dela, Vera Lúcia Sampaio (posteriormente, Vera Rollemberg) e Jacyra Andrade Mota.

10 Posteriormente, Dinah Maria Isensee Callou.

11 Tendo participado da edição do *Livro das Aves* e tendo editado ela própria os *Diálogos de São Gregório*, foi ainda orientadora da tese de doutorado de Américo Venâncio Lopes Machado Filho, defendida em 2004, dedicada ao *Flos Sanctorum*.

12 Talvez seja este seu último texto escrito, publicado postumamente em 2013.

13 Anteriormente ao concurso para o curso de Recuperação de Português, prestou concurso, também na Universidade Federal da Bahia, para Literatura Portuguesa, tendo sido aprovada em segundo lugar. O concurso para Literatura Portuguesa foi posteriormente anulado.

14 Sua primeira experiência docente ocorreu ao final da graduação, quando, de dezembro de 1961 a fevereiro de 1962, ministrou curso de Língua Portuguesa para africanos procedentes da Nigéria, de Gana, do Senegal e do Camerum (hoje Camarões). Em maio de 1962, foi contratada como "técnica especializada" e passou a dar aulas juntamente com Nadja Andrade, professora assistente, que substituía Nelson Rossi, já vivendo em Brasília como colaborador no projeto de criação da UnB.

15 A seleção de textos foi feita por Rosa Virgínia Mattos e Silva e Tânia Lobo. Trata-se, contudo, de uma coletânea incompleta, prevendo-se, futuramente, a publicação de uma nova, com todo o seu conjunto de textos sobre o tema.

16 Anteriormente, com título parcialmente distinto, foi publicada uma versão reduzida do texto: Mattos e Silva, Rosa Virgínia. Português brasileiro: raízes e trajetórias. *Ciência Hoje*, 15(86): 76-81, 1992.

17 Na coletânea *Ensaios para uma sócio-história do português brasileiro*, esse texto foi publicado com o título de "Para a história do português brasileiro".

18 Na coletânea *Ensaios para uma sócio-história do português brasileiro*, esse texto foi publicado com o título de "Fatores sócio-históricos condicionantes na formação do português brasileiro".

19 Para um comentário detalhado de cada proposição, veja-se Tânia Lobo, Rosa Virgínia Mattos e Silva e a história social linguística do Brasil, *Revista de Linguística Galega*, Universidade de Santiago de Compostela, n. 5, p. 69-82, 2015. Disponível em: <http://www.usc.es/revistas/index.php/elg/article/view/2314/2861>. Acesso em: out. 2016.

20 Comunicação pessoal a Américo Machado Filho e Tânia Lobo.

21 Comunicação pessoal a Maílson Lopes e Lisana Sampaio.

22 Esse texto consta também das quatro reedições/reimpressões dessa obra (2001, 2002, 2007, 2008).

23 Esse texto consta também da segunda edição dessa obra (2004), pela mesma editora.

24 A participação de Mattos e Silva na elaboração de 12 verbetes para a *Enciclopédia Mirador Internacional*, sob a supervisão de Nelson Rossi (através de leitura crítica e consultiva, como figura nas próprias notas expostas nas orientações da enciclopédia), aparece registrada desde a primeira edição dessa obra (em 1976, ainda que no currículo *Lattes* da autora se aponte o ano de 1975), mas a consulta para o presente texto foi realizada na edição do ano de 1991, a mais antiga disponível na Biblioteca Central da Universidade Federal da Bahia.

25 A autora agradece a colaboração de André Luiz Alves Moreno.

[26] Anteriormente à Universidade Federal da Bahia, lecionou na Faculdade União Metropolitana de Educação e Cultura e na Faculdades Jorge Amado. Atuou ainda como colaborador na Universidade Estadual no Sudoeste da Bahia.

[27] Mattos e Silva, Rosa Virgínia. Ideias para a história do português brasileiro: fragmentos para uma composição posterior. In: Ataliba Teixeira de Castilho (Org. 1998, pp. 21-52).

[28] Houaiss, Antônio. *O português no Brasil*. Rio de Janeiro: Unibrade, 1985.

[29] Lobo, Tânia. *Para uma sociolinguística histórica do português no Brasil*: edição filológica e análise linguística de cartas particulares do Recôncavo da Bahia, século XIX. São Paulo, 2001. Tese (Doutorado) – Universidade São Paulo.

[30] Coelho, Francisco Adolfo. Os dialectos românicos ou neolatinos na África, Ásia e América. Estudos Linguísticos Crioulos, reedição de artigos publicados no *Boletim da Sociedade de Geografia de Lisboa*, Academia Internacional da Língua Portuguesa, Lisboa, 1967 [1880-1886].

[31] Guy, Gregory. *Linguistic Variation in Brazilian Portuguese*: Aspects of Phonology, Syntax and Language History. Tese de Ph.D. Philadelphia: University of Pennsylvania, 1981.

[32] Baxter, Alan; Lucchesi, Dante. A relevância dos processos de pidginização e crioulização na formação da língua portuguesa no Brasil. *Estudos linguísticos e literários*, n. 19, pp. 65-84, 1999.

[33] Lucchesi, Dante. O conceito de transmissão linguística irregular e o processo de formação do português do Brasil. In: Claudia Roncarati; Jussara Abraçado (Orgs.). *Português brasileiro, contato linguístico, heterogeneidade e história*. Rio de Janeiro: Editora 7Letras/Faperj, pp. 272-282, 2003.

[34] Kroch, A. Syntactic Change. In: M. Baltin; C. Collins, (Eds.). *Handbook of Syntax*. New York: Blackwell, 2001.

[35] Castro, Márcia de Moura. *Ex-votos mineiros*: as tábuas votivas no ciclo do ouro. Rio de Janeiro: Expressão e Cultura. 1994.

[36] Mott, Luiz. *Rosa Egipcíaca: uma santa africana no Brasil*. Rio de Janeiro: Bertrand do Brasil, 1993.

[37] Lobo, Tânia; Oliveira, Klebson. *História da cultura escrita no Brasil*: um programa de investigação. Mimeo. 2012.

[38] A base para a apresentação da produção científica é o *Curriculum Lattes*, que, além de não estar completo, está, por vezes, incorretamente preenchido.

REFERÊNCIAS BIBLIOGRÁFICAS

Critérios de indexação:

(1) As entradas vêm pelo sobrenome, em sequência alfabética e cronológica, do texto mais antigo para o texto mais recente.
(2) Em caso de mais de um autor, um ponto e vírgula separa os nomes.
(3) A data de publicação aparece no final do verbete. Sempre que possível, indica-se entre colchetes a data da primeira edição.
(4) Nos textos publicados em coletâneas, remete-se apenas aos organizadores, data e páginas, entre parênteses. Para a obtenção dos dados bibliográficos completos, procure pelo sobrenome do organizador e data da publicação.

I) REFERÊNCIAS BIBLIOGRÁFICAS

AGUILERA, Vanderci de Andrade (Org.). *Para a história do português brasileiro*. v. VII: vozes, veredas, voragens. 2 t. Londrina: Editora da Universidade Estadual de Londrina, 2009.

ALDRETE, Bernardo José. *Del origen y principio de la lengua castellana ò romance que oi se usa en España*. Roma: Carlo Vuliet, 1606.

ALDRETE, Bernardo José. *Varias antiguedades de España Africa y otras Provincias*. Amberes: Iuan Hasrey, 1614.

ALKMIM, Tânia (Org.). *Para a história do português brasileiro*. v. III. Novos estudos. São Paulo: Humanitas/Unicamp, 2002.

ALMEIDA, Norma L. Fernandes de; CARNEIRO, Zenaide de Oliveira Novais (Orgs.). *Variação linguística no Semiárido baiano*. Feira de Santana: Universidade Estadual de Feira de Santana, 2014.

ALTMAN, Cristina. *A pesquisa linguística do Brasil (1968-1988)*. 2. ed. São Paulo: Humanitas, 2004a.

ALTMAN, Cristina. Filologia e Linguística – outra vez. *Filologia e Linguística Portuguesa*, São Paulo, 6: 161-98, 2004b.

ALTMAN, Cristina et AL. *Boletim GT Historiografia da Linguística Brasileira*, v. 4, 5 e 6. São Paulo: CEDOCH-Universidade de São Paulo, 1999, 2000 e 2001.

AMARAL, Amadeu. *O dialeto caipira*. 2 ed., São Paulo: Anhembi, 1955 [1920].

BASSO, Renato Miguel; GONÇALVES, Rodrigo Tadeu. *História concisa da língua portuguesa*. Petrópolis: Vozes, 2014.

BLANCH, Juan Miguel Lope. Proyeto de Estudio del Habla Culta de las Principales Ciudades de Hispanoamérica. In: Dino Preti; Hudinilson Urbano (Orgs. 1990).

BEAUREPAIRE-ROHAN, Henrique Pedro Carlos de. *Dicionário de vocábulos brasileiros*. 2. ed. [Fac-similada]. Salvador: Livraria Progresso, 1956 [1889].

BORBA, Francisco da Silva. Esboço de fonologia diacrônica. *Alfa*, 18/19: 245-274, 1972-1973.

BORBA, Francisco da Silva. *Dicionário de usos do português do Brasil*. São Paulo: Ática, 2002.

BRANDÃO, Carlos. *Sintaxe clássica portuguesa*. Belo Horizonte: Imprensa da Universidade de Minas Gerais, 1963.

BRANT HORTA. *Noções de gramática histórica da língua portuguesa*. Rio de Janeiro: Editora J. R. de Oliveira, [1930?].

CALLOU, Dinah; DUARTE, Maria Eugênia (Orgs.). *Para a história do português brasileiro*. v. IV. Rio de Janeiro: Universidade Federal do Rio de Janeiro/Faperj, 2002.

CALLOU, D. M. I.; BARBOSA, Afrânio G.; CARMO, Laura do (Orgs.). *A norma brasileira em construção*: Cartas a Rui Barbosa (1866 a 1899). Rio de Janeiro: Fundação Casa de Rui Barbosa, v. 1., 2011.

CÂMARA JR., Joaquim Mattoso. Ele como um acusativo no português do Brasil. In: (Joaquim Mattoso Câmara Jr.: 1975b), 1975a [Ele comme um accusatif dans le portugais du Brésil. In: *Homenage a André Martinet. Estruturalismo y Historia*, Canárias, Univ. de La Laguna, 1: 39-46, 1957].

CÂMARA JR., Joaquim Mattoso. *Dispersos de J. Mattoso Câmara Jr.* Seleção e introdução de Carlos Eduardo Falcão Uchoa. 2. ed. Rio de janeiro: FGV, 1975b.

CÂMARA JR., Joaquim Mattoso. *História e estrutura da língua portuguesa*. 2. ed. Rio de Janeiro: Padrão, 1979 [1975].

CAMPOS, Francisco António de. *A lingua portugueza é filha da latina ou refutação da memoria em que o Senhor Patriarca Eleito D. Francisco de S. Luiz nega esta filiação*. Lisboa: Typographia de M. J. Coelho, 1843.

CARDOSO, Suzana Alice Marcelino; MOTA, Jacyra Andrade; MATTOS E SILVA, Rosa Virgínia (Orgs.). *Quinhentos anos de História Linguística do Brasil*. Salvador: Fundo de Cultura da Bahia, 2006.

CARNEIRO RIBEIRO, Ernesto. *Gramática portugueza philosophica*. Bahia: Catilina, 1877.

CARNEIRO RIBEIRO, Ernesto. *Serões Gramaticais*. Bahia: Livraria Catilina, 1890.

CASTILHO, Ataliba T. de. Estudos linguísticos no Brasil: notas para sua história. *Alfa – Revista de Linguística*, 2: 135-43, São Paulo, 1962.

CASTILHO, Ataliba T. de. Os sons. In: A. T. de Castilho (Org.). *Subsídios à proposta curricular de língua portuguesa para o 2º grau*. São Paulo/Campinas: Secretaria de Estado da Educação / Universidade Estadual de Campinas, v. 5: 12-20, 1978.

CASTILHO, Ataliba Teixeira de. O Português Culto Falado no Brasil (História do Projeto Nurc/BR). In: Dino Preti; Hudinilson Urbano, (Orgs.). *A linguagem falada culta na cidade de São Paulo*. v. 4. São Paulo: T. A. Queirós/ Fundação de Ampara à Pesquisa do Estado de São Paulo, pp. 141-164, 1990.

CASTILHO, Ataliba T. de. A gramaticalização. *Estudos Linguísticos e Literários*, 19: mar. 1997: 25-63, 1997.

CASTILHO, Ataliba T. (Org.). *Para a história do português brasileiro*. v. 1. Primeiras ideias. São Paulo: Humanitas/ Fapesp, 1998.

CASTILHO, Ataliba T. de. Para um programa de pesquisas sobre a história social do português de São Paulo. In: R. V. Mattos e Silva (Org. 2001: t. 2, 337-370). Republicado com alterações como "Para a História Social do Português de São Paulo". *Revista Portuguesa de Filologia*, vol. XXIII: 29-70, 1999-2000/2001.

CASTILHO, Ataliba T. de (Org.). *Historiando o português brasileiro*: história das línguas: variedades, gramaticalização, discursos. Relatório apresentado no Seminário Aspectos Sincrônicos e Diacrônicos do Português Brasileiro, 2003. Blaubeuren: Tuebingen Universitaet. Disponível em: <www.mundoalfal.org/projetodehistoriadoportuguesbrasileiro>. Acesso em: out. 2016.

CASTILHO, Ataliba T. de. Abordagem da língua como um sistema complexo. Contribuições para uma nova Linguística Histórica. In: A. T. de Castilho et al. (Orgs. 2007: 329-360).

CASTILHO, Ataliba T. de (Org.). *História do português paulista*. Série Estudos. v. 1. Campinas: Fapesp/Setor de Publicações do Instituto de Estudos da Linguagem da Unicamp, 2009a.

CASTILHO, Ataliba T. de. Sobre o Projeto de História do Português Paulista. In: A. T. Castilho (Org. 2009: 13-90), 2009b.

CASTILHO, Ataliba T. de. *Nova gramática do português brasileiro*. São Paulo: Contexto, 2010.

CASTILHO, Ataliba T. de. *Semântica*. Abordagem multissistêmica. Campinas: Universidade Estadual de Campinas, Programa de Pós-Graduação em Linguística, 2014. Manuscrito.

CASTILHO, Ataliba T. de. et al. (Orgs.). *Descrição, história e aquisição do português brasileiro*. Homenagem a Mary A. Kato. Campinas: Pontes/Fapesp, 2007.

CASTILHO, Ataliba T. de; VIARO, Mário Eduardo et al. Gramaticalização de algumas preposições no português brasileiro do séc. XIX. Comunicação apresentada ao *V Seminário do Projeto para a História do Português Brasileiro*. Ouro Preto, out. 2002.

CASTRO, Eugênio de. *Geographia linguistica e cultura brasileira*: ensaio. Rio de Janeiro: Graphica Sauer, 1937.

CHOMSKY, Noam. *Lectures on Government and Binding*. Dordrecht: Foris, 1981.

CHOMSKY, Noam. *Knowledge of Language*. Its Nature, Origin and Use. New York: Praeger, 1986.

COELHO, Adolpho. *A lingua portugueza*: phonologia, etymologia, morphologia e syntaxe. Coimbra: Imprensa da Universidade, 1868.

COELHO, Olga Ferreira. Os nomes da língua: configuração e desdobramento do debate sobre a língua brasileira no século XIX. *Revista do Instituto de Estudos Brasileiros*, São Paulo, 47: 140-160, 2008.

COELHO, Olga Ferreira (Coord.). *Documenta Grammaticae et Historiae (Português)*: a formação de uma tradição gramatical brasileira. São Paulo, CEDOCH-DL-USP, 2010-2014.

COELHO, Olga Ferreira; DANNA, Stela. M. D. G. História da língua portuguesa e Historiografia Linguística no Brasil em cinco gramáticas do século XIX. *Confluência*, Rio de Janeiro, 1: 215-235, 2015.

COELHO, Olga Ferreira; DANNA, Stela M. D. G.; POLACHINI, Bruna S. O português do Brasil em gramáticas brasileiras do século XIX. *Revista Confluência*. Rio de Janeiro: Instituto de Língua Portuguesa do Liceu Literário Português, 43.46: 115-141, 2014.

COHEN, Maria Antonieta; RAMOS, Jânia (Orgs.). *O dialeto mineiro e outras falas*. Belo Horizonte: Faculdade de Letras da UFMG, 2002.

CORUJA, Antonio Alvares Pereira. *Compendio da grammatica da lingua nacional dedicado á mocidade rio-grandense*. Porto Alegre: Typographia de V. F. de Andrade, 1835.

CORUJA, Antonio Alvares Pereira. Collecção de vocabulos e frases usados na provincia de S. Pedro do Rio Grande do Sul. *Revista do IHGB*, t. XV: 205-238, 1852.

CORUJA, Antonio Alvares Pereira. *Compendio da grammatica da lingua nacional dedicado á mocidade rio-grandense*. Nova edição ampliada e mais correcta. Rio de Janeiro: Esperança, 1873.

COSERIU, Eugenio. Perspectivas gerais. In: Anthony Julius Naro (1976).

COSERIU, Eugenio. *Textlinguistik*. Eine Einführung. Tübingen: Gunter Narr, 1981/1994. Tradução para o espanhol: *Lingüística del texto*. Introducción a la hermenéutica del sentido. Edición, anotación y estudio previo de Óscar Loureda Lamas. Madrid: Arcos, 2007 [1994].

COUTINHO, Ismael de Lima. *Pontos de gramática histórica*. 6. ed. rev. Rio de Janeiro: Livraria Acadêmica, 1974 [1938].

COUTO, Hildo Honório do. *O que é português brasileiro*. 2. ed. São Paulo: Brasiliense, 1986.

COUTO E MELO, João Crisóstomo do. *Grammatica Philosophica da linguagem portugueza*. Lisboa: Impressão Régia, 1818.

CUNHA, António Estêvão da Costa e. *Principios de grammatica historica e comparada*. Rio de Janeiro: s. e., 1883.

CUNHA, Celso Ferreira da. *Gramática do português contemporâneo*. Belo Horizonte: Bernardo Álvares, 1970.

DIAS, Marieta Prata de Lima (Org.). *Língua e literatura*: discurso pedagógico. v. 1. São Paulo: Ensino Profissional, 2007.

DIETRICH, Wolf; NOLL, Volker (Orgs.). *O português do Brasil*. Perspectivas da pesquisa atual. Madrid/Frankfurt: Iberoamericana/Vervuert, 2004.

DUARTE, Inês; MARIA MIGUEL (Eds.). *Actas da Associação Portuguesa de Linguística*. v. 3. Lisboa: Colibri, 1996.

DUARTE, Maria Eugênia Lamoglia; CALLOU, Dinah M. Isensee (Orgs.). *Para a história do português brasileiro*. v. 4. Notícias de *corpora* e outros estudos. Rio de Janeiro: Universidade Federal do Rio de Janeiro/Fundação de Amparo à Pesquisa do Rio de Janeiro, 2002.

ELIA, Sílvio. *O problema da língua brasileira*. 2. ed. Rio de Janeiro: Irmãos Pongetti Editores/Instituto Nacional do Livro, 1961 [1940].

ELIA, Sílvio. *A unidade linguística do Brasil*: condicionamentos geoeconômicos. Rio de Janeiro: Padrão, 1979.

ELIZAINCIN, Adolfo; BEHARES, Luis; BARRIOS, Gabriela. *Nós falemo brasilero*. Dialectos portugueses en Uruguay. Montevideo: Amesur, 1987.

ELIZAINCIN, Adolfo. *Dialectos en contacto*. Español y Portugués en España y América. Montevideo: Arca, 1992.

FARACO, Carlos Alberto. *Linguística Histórica*. São Paulo: Ática 1991; 2ª edição revista e ampliada. São Paulo: Parábola, 2005.

FARACO, Carlos Alberto. *Norma culta brasileira*: desatando alguns nós. São Paulo: Parábola, 2008.

FARACO, Carlos Alberto. 40 anos de linguística histórica. In: Dermeval da Hora; Eliane Ferraz Alves; Luciene Spínola (Orgs. 2009: 97-116).

FARACO, Carlos Alberto. *História sociopolítica da língua portuguesa*. São Paulo: Parábola, 2016.

GALVES, Charlotte. Pronomes e categorias vazias em português do Brasil. *Cadernos de Estudos Linguísticos*, 7: 107-136, 1984

GARCÍA TURNES, Beatriz. *Ideas sobre o galego e as orixes do portugués na lingüística lusa do século XIX*. Xénese e impacto en Galicia da hipóytese celtista. Santiago de Compostela, 2008, Tese de Doutorado, Universidade de Santiago de Compostela.

GÄRTNER, Eberhard (Org.). *Brasilianisches Portugiesisch*: Geschichte, System und Variation. Frankfurt: Valentia Verlag, 2009.

GÄRTNER, Eberhard; HUNDT, Christine; SCHÖNBERGER, Axel (Eds.). *Estudos de Sociolinguística brasileira e portuguesa*. Frankfurt am Main: TFM, 2000.

GONÇALVES, Sebastião Carlos; LIMA-HERNANDES, Maria Célia; CASSEB-GALVÃO, Vânia Cristina (Orgs.). *Introdução à gramaticalização*: em homenagem a Maria Luiza Braga. São Paulo: Parábola, 2007.

GROSSE, Sybille; ZIMMERMANN, Klaus (Eds.). *"Substandard" e mudança no português do Brasil*. Frankfurt am Main: TFM, 1998.

GROSSE, Sybille; ZIMMERMANN, Klaus (Eds.). *O português brasileiro*: pesquisas e projetos. Frankfurt am Main: TFM, pp. 345-376, 2000.

GUEDES, Marymarcia; BERLINCK, Rosane de Andrade; MURAKAWA, Clotilde de Almeida Azevedo (Orgs.). *Teoria e análise linguísticas*: novas trilhas. Araraquara: Laboratório Editorial da Universidade Estadual Paulista/ Cultura Acadêmica, 2006.

GUÉRIOS, Mansur. *Tabus linguísticos*. São Paulo: Companhia Editora Nacional, 1979 [1956].

HORA, Demerval da (Org.). *Diversidade linguística no Brasil*. João Pessoa: Ideia, 1997.

HORA, Dermeval da; PEDROSA, Juliene Lopes Ribeiro (Orgs.). *Projeto variação linguística no Estado da Paraíba*. João Pessoa: Idéia, 5 v., 2001.

HORA, Dermeval da; COLLISCHONN, Gisela (Orgs.). *Teoria linguística*. Fonologia e outros temas. Homenagem à profa. Leda Bisol. João Pessoa: Editora Universitária, 2003.

HORA, Dermeval da; ALVES, Eliane Ferraz; SPÍNOLA, Luciene (Orgs.). *Abralin*: 40 anos em cena. João Pessoa: Editora Universitária, 2009.

HORA, Dermeval da; ROSA SILVA, Camilo (Orgs.). *Para a história do português brasileiro*, v. 8. João Pessoa: Universidade Federal da Paraíba, 2010.

HORNSTEIN, N.; LIGHTFOOT, D. (Eds.). *Explanation in Linguistics*. London: Longmann, 1981.

HOUAISS, Antônio. *O português no Brasil*. Rio de Janeiro: Unibrade, 1985.

HÜBER, Joseph. *Altportugiesches Elementarbuch*. Heidelberg: Carl Winters Universitätsbuchhandlung. Trad. para o português: *Gramática do português arcaico*. Lisboa: Gulbenkian, 1986 [1933].

ILARI, Rodolfo. Projeto de Natal. Cuiabá, 2012. Manuscrito.

ILARI, Rodolfo. Anotações ao jornal *Brado Conservador*, RN, edição de 3 de agosto de 1877. Campinas: Universidade Estadual de Campinas, 2013. Manuscrito.

JUCÁ FILHO, Cândido. *Língua nacional*: as diferenciações entre o português de Portugal e o do Brazil autorizam a existência de um ramo dialetal do português peninsular? Rio de Janeiro: Estabelecimento Gráphico Apollo, 1937.

JUCÁ FILHO, Cândido. *Gramática histórica do português contemporâneo*. Rio de Janeiro: Epasa, 1945.

KATO, Mary A.; TARALLO, Fernando. Restrictive *VS* Syntax in Brazilian Portuguese: its Correlation with Invisible Clitics and Visible Subjects. Trabalho apresentado na Georgetown Round Table in Languages and Linguistics 1988. Washington, 1988.

KATO, Mary A.; RAMOS, Jânia. Trinta anos de sintaxe gerativa no Brasil. *D.E.L.T.A.*, 15 (número especial): 105-146, 1999.

KATO, Mary A.; NEGRÃO, Esmeralda V. (Eds.). *Brazilian Portuguese and the Null Subject Parameter*. Frankfurt: Vervuert/IberoAmericana, 2000.

KATO, Mary et al. Português brasileiro no fim do século XIX e na virada do milênio. In: Suzana Alice Marcelino Cardoso; Jacyra Andrade Mota; Rosa Virgínia Mattos e Silva (Orgs. 2006: 413-438).

LABOV, William. *Field Methods of the Project on Linguistic Change and Variation*. Austin: Southwest Educational Development Laboratory, 1981.

LABOV, William. *Principles of Linguistic Change*. v. 1. Internal Factors. Oxford: Basil Blackwell, 1994.

LABOV, William. *Principles of Linguistic Change*. v. 2. Social Factors. Oxford: Basil Blackwell, 2001.

LABOV, William. *Principles of Linguistic Change*. v. 3. Cognitive and Cultural Factors. Oxford: Basil Blackwell, 2010.

LAYTANO, Dante de. *Os africanismos do dialeto gaúcho*. Porto Alegre: Globo, 1936.

LEÃO (LIÃO), Duarte Nunes de. *Origem da lingoa portuguesa*. Lisboa: Pedro Crasbeeck, 1606.

LEDA, João. *A chimera da língua brasileira*. Manaos, 1939.

LEHMAN, W. P.; MALKIEL, Y. (Eds). *Perspectives on Historical Linguistics*. Amsterdam/Philadelphia: John Benjamins, 1975.

LEITE DE VASCONCELOS, José. *Estudos de filologia portuguesa*. Prefácio de Serafim da Silva Neto. 3. ed. Rio de Janeiro: Livros de Portugal, 1988 [1911/1926].

LEITE, Solidônio. *A língua portuguesa no Brasil*. Rio de Janeiro: J. Leite e Cia, 1922.

LEONI, Francisco Evaristo. *Genio da lingua portugueza*. 2 t. Lisboa: Typographia do Panorama, 1858.

LIGHTFOOT, David. Explaining Syntactic Change. In: N. Hornstein; D. Lightfoot (Eds. 1981: 209-240).

LIGHTFOOT, David. *How to Set Parameters*: Arguments from Language Change. Cambridge: MIT Press, 1991.

LIMA COUTINHO, Ismael de. *Pontos de gramática histórica*. 4. ed. ver. e aum. Rio de Janeiro: Livraria Acadêmica, 1958 [1938].

LIMA-HERNANDES, Maria Célia; SANTIAGO-ALMEIDA, Manoel Mourivaldo (Orgs.). *História do português paulista*. v. 3. Série Estudos. Campinas: Setor de Publicações do Instituto de Estudos da Linguagem da Unicamp, 2012.

LOBO, Tânia; OLIVEIRA, Klebson. Escrita liberta: letramento de negros forros na Bahia do século XIX. In: Ataliba de Castilho et al. (Orgs. 2007: 437-460).

LOBO, Tânia C. F.; RIBEIRO, Ilza; CARNEIRO, Zenaide; ALMEIDA, Norma (Orgs.). *Para a história do português brasileiro*. v. 6. Novos dados, novas análises. 2 t. Salvador: Editora da Universidade Federal da Bahia, 2006.

LOPE BLANCH, Juan Manuel. Proyecto de estudio del habla culta de las principales ciudades de Hispanoamérica. In: *El Simposio de Bloomington*, Bogotá, Instituto Caro y Cuervo: 255-266, 1964/1967.

LOPES, Célia Regina dos Santos (Org.). *A norma brasileira em construção*. Fatos linguísticos em cartas pessoais do século 19. Rio de Janeiro: Universidade Federal do Rio de Janeiro/Faperj, 2005.

LUÍZE, Terezinha B. *Entre o PE e o PB*: o falar açoriano de Florianópolis. Florianópolis, 1997, Dissertação (Mestrado), Universidade Federal de Santa Catarina.

LYONS, John. *Semantics*. 2 v. London: Longmans, 1977. Tradução para o português: *Semântica estrutural*. Lisboa: Editorial Presença, 1984.

MACHADO FILHO, Aires da Mata. *Pequena história da língua portuguesa*. Rio de Janeiro: Ministério da Educação e Cultura – Campanha Nacional de Educação de Adultos, 1961.

MACEDO SOARES, Antônio Joaquim de. *Diccionario Brazileiro da língua portuguesa*. Rio de Janeiro: Tip. De G. Leuzinger & Filhos. 1889 [1875/1888].

MACEDO SOARES, Antônio Joaquim de. *Estudos lexicográficos do dialeto brasileiro*. Org. Dr. Julião Rangel de Macedo Soares. Rio de Janeiro: Publicação da Revista do Instituto Histórico e Geográfico Brasileiro, 1942 [1874-1891].

MACIEL, Maximino de Araújo. *Grammatica descriptiva baseada nas doutrinas modernas*. 3. ed. augmentada com muitas notas e resumos synopticos. Rio de Janeiro/Paris: H. Garnier Livreiro-Editor, 1902 [1894].

MADERA, Gregorio Lopez. *Discurso sobre las láminas, reliquias y libros que se an descubierto en la ciudad de Granada este año de 1595, y las reliquias y prophecia que se avia hallado el año passado de 1588*. S/local. [Granada?]; s/d. [1595?].

MADERA, Gregorio Lopez. *Discursos de la certidumbre de las reliquias descubiertas en Granada desde el año de 1588 hasta el de 1598*. Granada: Sebastian Mena, 1601.

MAGNE, Augusto. *A demanda do Santo Graal*. 3 v. Rio de Janeiro: Imprensa Nacional, 1944.

MAIA, Clarinda de Azevedo. *História do galego-português*. Estudo linguístico da Galiza e do noroeste de Portugal desde o século XIII ao século XVI. Coimbra: Instituto Nacional de Investigação Científica, 1986.

MANSUR GUÉRIOS, Rosário Farani. *Pontos de gramática histórica portuguesa*. São Paulo: Livraria Acadêmica, 1937.

MARQUES, Xavier. *Cultura da língua nacional*. Com uma coletanea de especimes da lingua escrita no Brazil. Bahia: Escola de Aprendizes Artífices. 1933.

MARROQUIM, Mário. *A língua do nordeste*. São Paulo: Companhia Editora Nacional, 1934.

MARTINET, André. *Économie des changements phonétiques*. Berne: A. Francke, 1955.

MARTINS, Ana Maria. Gramáticas históricas do português. In: Inês Duarte; Maria Miguel (Eds. 1996: 53-71).

MARTINS, Marco Antonio; TAVARES, Maria Alice (Orgs.). *História do português brasileiro no Rio Grande do Norte*. Análise linguística e textual da correspondência de Luís da Câmara Cascudo a Mário de Andrade – 1924-1944. Natal: Editora da Universidade Federal do Rio Grande do Norte, 2012.

MASSINI-CAGLIARI, Gladis (Org.). *Anais do II encontro de estudos diacrônicos do português*. Araraquara: Unesp – Faculdade de Ciências e Letras, 2002.

MASSINI-CAGLIARI, Gladis; MURAKAWA, Clotilde de A. A.; BERLINCK, Rosane de Andrade; GUEDES, Marymarcia (Orgs.). *Estudos de Linguística Histórica do português*. Araraquara: Cultura Acadêmica Editora/Laboratório Editorial da Universidade Estadual Paulista, 2005.

MATTOS E SILVA, Rosa Virgínia. Sobre a mudança linguística: uma revisão histórica. *Boletim de Filologia*, XXVI: 83-99, 1981.

MATTOS E SILVA, Rosa Virgínia. Fluxo e refluxo: uma retrospectiva da linguística histórica no Brasil. *D.E.L.T.A.*, 4(1): 85-113, 1988.

MATTOS E SILVA, Rosa Virgínia. *Estruturas trecentistas*: elementos para uma gramática do português arcaico. Lisboa: Imprensa Nacional/Casa da Moeda, 1989.

MATTOS E SILVA, Rosa Virgínia. *Português arcaico*: fonologia. São Paulo: Contexto, 1991.

MATTOS E SILVA, Rosa Virgínia. *Português arcaico*: morfologia e sintaxe. São Paulo: Contexto, 1993.

MATTOS E SILVA, Rosa Virgínia (Org.). *A carta de Caminha, testemunho linguístico de 1500*. Salvador: Editora da Universidade Federal da Bahia, 1997.

MATTOS E SILVA, R. V. Ideias para a história do português brasileiro: fragmentos para uma composição posterior. In: A. T. de Castilho (Org. 1998: 21-52).

MATTOS E SILVA, Rosa Virgínia. Para uma compreensão histórica do português brasileiro: velhos problemas revisitados. Conferência no concurso para Professor Titular de Língua Portuguesa. Salvador: Instituto de Letras/ Universidade Federal da Bahia, 1999a.

MATTOS E SILVA, Rosa Virgínia. Sobre desencontros e reencontros: filologia e Linguística no Brasil do século XX. Comunicação em mesa-redonda no XI Encontro Nacional da Anpoll, João Pessoa, 1996. GT Historiografia da Linguística Brasileira – Plano Bienal 1998-2000. São Paulo: Humanitas, pp. 17-36, 1999b.

MATTOS E SILVA, Rosa Virgínia. Orientações atuais da Linguística Histórica brasileira. *D.E.L.T.A.*, 15 (n. especial): 147-166, 1999c.

MATTOS E SILVA, Rosa Virgínia. Uma interpretação para a generalizada difusão da língua portuguesa no território brasileiro. *Gragoatá*, 9: 1-248, 2000.

MATTOS E SILVA, Rosa Virgínia. O português brasileiro: sua formação na complexidade multilinguística do Brasil colonial e pós-colonial. Conferência no simpósio O Universo da Língua Portuguesa: Diversidade e Inovação. Lisboa: Instituto Camões (inédito), 2001a.

MATTOS E SILVA, Rosa Virgínia. De fontes sócio-históricas para a história social linguística do Brasil: em busca de indícios. In: R. V. Mattos e Silva (Org. 2001, tomo 1: 275-302), 2001b.

MATTOS E SILVA, Rosa Virgínia (Org.). *Para a história do português brasileiro*. v. 2. Primeiros Estudos. 2 t. São Paulo: Humanitas/Fundação de Amparo à Pesquisa do Estado de São Paulo, 2001c.

MATTOS E SILVA, Rosa Virgínia. Para a história do português culto e popular brasileiro: sugestões para uma pauta de pesquisa. In: Tânia Maria Alkmin (Org. 2002: 443-464), 2002a.

MATTOS E SILVA, Rosa Virgínia. Reflexões e questionamentos para a constituição de *corpora* para o Projeto para a História do Português Brasileiro. In: M. E. L. Duarte; D. Callou (Orgs. 2002: 17-28), 2002b.

MATTOS E SILVA, Rosa Virgínia. Fatores sócio-históricos condicionantes na formação do português brasileiro: em questão o propalado conservadorismo da língua portuguesa no Brasil. Conferência plenária no XIII Congresso Internacional da Alfal, San José de Costa Rica, 2002c.

MATTOS E SILVA, Rosa Virgínia. Sobre o "Programa para a História da Língua Portuguesa" (PROHPOR) e sua inserção no projeto nacional "Para a História do Português Brasileiro" (PHPB). In: C. Roncarati; J. Abraçado (Orgs. 2003: 30-38).

MATTOS E SILVA, Rosa Virgínia. *Ensaios para uma sócio-história do português brasileiro*. São Paulo: Parábola, 2004.

MATTOS E SILVA, Rosa Virgínia. Desenvolvimentos recentes no Brasil dos estudos histórico-diacrônico sobre o Português. In: A. M. S. Ziles (Org. 2005: 39-54).

MATTOS E SILVA, Rosa Virgínia. *O português arcaico*: fonologia, morfologia e sintaxe. São Paulo: Contexto, 2006.

MATTOS E SILVA, Rosa Virgínia. *O português arcaico*: uma aproximação. Lisboa: Imprensa Nacional – Casa da Moeda, 2 v., 2008a.

MATTOS E SILVA, Rosa Virgínia. *Caminhos da Linguística Histórica*. São Paulo: Parábola Editorial, 2008b.

MATTOS E SILVA, Rosa Virgínia; MACHADO FILHO, Américo Venâncio Lopes (Orgs.). *O português quinhentista*. Estudos diacrônicos. Salvador: Editora da Universidade Federal da Bahia/Universidade Estadual de Feira de Santana, 2002.

MAURER JR., Theodoro Henrique. *Gramática do latim vulgar*. Rio de Janeiro: Acadêmica, 1959.

MAURER JR., Theodoro Henrique. *O problema do latim vulgar*. Rio de Janeiro: Livraria Acadêmica, 1962.

MAURER JR., Theodoro Henrique. Linguística histórica. *Alfa* - Revista de Linguística, 11: 19-42, São Paulo, 1967.

MAURER JR, Theodoro Henrique. *Infinitivo flexionado português*: estudo histórico-descritivo. São Paulo: Editora Nacional/Edusp, 1968.

MEGALE, Heitor (Org.). *Filologia bandeirante*. v. 1. Estudos. São Paulo: Humanitas, 2000.

MEGALE, Heitor; CAMBRAIA, César Nardelli. Filologia portuguesa no Brasil. *D.E.L.T.A.*, 15 (n. especial): 1-22, 1999.

MEGALE, Heitor; TOLEDO NETO, Sílvio de A. *Por minha letra e sinal*. Documentos do ouro do século XVII. São Paulo: Ateliê/Fapesp, 2006.

MEGALE, Heitor; TOLEDO NETO, Sílvio de A.; FACHIN, Phablo Roberto M. *Caminhando mato dentro*. Documentos do ouro do século XVIII. São Paulo: Espaço Editorial/Fapesp, 2009.

MEILLET, Antoine. L'Évolution des formes grammaticales. *Scientia* (*Rivista di Scienza*), 12 (26): 6-12, 1912.

MELO, Gladstone Chaves de. *A língua do Brasil*. Rio de Janeiro: Fundação Getúlio Vargas, 1946; 2. ed. melhorada e aumentada, 1971.

MELO, Gladstone Chaves de. *Alencar e a "língua brasileira"*. 2. ed. corrigida e aumentada. Rio de Janeiro: José Olímpio, 1951. [Introdução ao v. XV dos romances de José de Alencar, *Senhora*]

MELO, Gladstone Chaves de. *Iniciação à filologia portuguesa*. 2. ed. Rio de Janeiro: Livraria Acadêmica, 1957 [1949].

MENDES, Ronald Beline (Org.). *Passando a palavra*: uma homenagem a Maria Luiza Braga. São Paulo: Paulistana, 2007.

MENDONÇA, Renato. *A influência africana no português do Brasil*. Rio de Janeiro: Sauer, 1933.

MENDONÇA, Renato. *O português do Brasil*: origens, evolução, tendências. Rio de Janeiro: Civilização Brasileira, 1936.

MÓDOLO, Marcelo. *Um* corpus *para a diacronia do português de São Paulo*. São Paulo, 1998, Dissertação de Mestrado, Universidade de São Paulo.

MONTE, Vanessa Martins do. *Correspondências paulistas*: as formas de tratamento em cartas de circulação pública. São Paulo: Humanitas/Fapesp, 2015.

MIOTO, Carlos; SILVA, Maria Cristina Figueiredo; LOPES, Ruth Elizabeth Vasconcelos. *Novo manual de sintaxe*. 2. ed. Florianópolis: Insular, 2005 [1999].

MONTEAGUDO, Henrique. *Historia social da lingua galega*. Vigo: Galaxia, 2010.

MONTEIRO, Clóvis. *Português da Europa e Português da América*: aspectos da evolução do nosso idioma. Rio de Janeiro: Livraria J. Leite, 1931 [1925].

MONTEIRO, Clóvis. *Fundamentos clássicos do português do Brasil*. Rio de Janeiro: Colégio Pedro II, 1958.

MONTEIRO, John M. *Negros da terra*: índios e bandeirantes nas origens de São Paulo. São Paulo: Companhia das Letras, 1995.

MORAES, Luiz Carlos de. *Vocabulário sul rio-grandense*. Porto Alegre: Globo, 1935.

MORAIS SILVA, Antonio de. *Epitome da grammatica portugueza*. Lisboa: Simão Thaddeo Ferreira, 1806.

MORAIS SILVA, Antonio de. *Diccionario da lingua portugueza*. 2. ed. Lisboa: Typ. Lacérdina, 1813.

MORAIS SILVA, Antonio de. *Grammatica portuguesa*. Rio de Janeiro: Typographia de Silva Porto, e Comp., 1824.

MOTA, Othoniel. *O meu idioma*. São Paulo: Companhia Editora Nacional, 1916.

MOURA, Maria Denilda (Org.). *Resquícios de Palmares*. O que uma comunidade quilombola nos diz. Maceió: Editora da Universidade Federal de Alagoas, 2009.

MOURA, Maria Denilda; SIBALDO, Marcelo (Orgs.). *Para a história do português brasileiro*. v. 3. t. 4. Maceió: Editora da Universidade Federal de Alagoas, 2013.

NARO, Anthony J. *Estudos diacrônicos*. Petrópolis: Vozes, 1973.

NARO, Anthony J. (Org.). *Tendências atuais da linguística e da filologia no Brasil*. Rio de Janeiro: Francisco Alves, 1976.

NARO, Anthony J. Mudanças linguísticas: fluxos e contrafluxos na comunidade de fala. *Cadernos de Estudos Linguísticos*, 20: 9-16, 1991.

NARO, Anthony J.; SCHERRE, Marta M. P. Sobre as origens do português popular do Brasil. *D.E.L.T.A.*, 9: 437-454, 1993.

NARO, Anthony J.; BRAGA, Maria Luíza. A interface sociolinguística/gramaticalização. *Gragoatá*, 9: 125-134, 2000.

NARO, Anthony J.; SCHERRE, Marta M. P. *Origens do português brasileiro*. São Paulo: Parábola Editorial, 2007.

NASCENTES, Antenor. *Dicionário etimológico da língua portuguesa*. Rio de Janeiro: Impressão Particular, 1932.

NASCENTES, Antenor. *O idioma nacional*. v. 4. 3. ed. São Paulo: Companhia Editora Nacional, 1942 [1928].

NASCENTES, Antenor. *O linguajar carioca*. 2. ed. Rio de Janeiro: Simões, 1953 [1922].

NASCENTES, Antenor. *Elementos de Filologia Românica*. Rio de Janeiro: Simões, 1954.

NASCENTES, Antenor. A filologia portuguesa no Brasil (esboço histórico, 1939). In: *Estudos filológicos*. 2. ed. Rio de Janeiro: Academia Brasileira de Letras, pp. 186-204, 2003.

NASCENTES, Lígia et al. (Orgs.). *Sentido e significação*: em torno da obra de Rodolfo Ilari. São Paulo: Contexto, 2004.

NEIVA, Artur. *Estudos da língua nacional*. São Paulo: Companhia Editora Nacional, 1940.

NOGUEIRA, Paulino. Vocabulário indígena de uso na província do Ceará, com explicações etimológicas, ortográficas, topográficas, históricas. *Revista Trimensal do Instituto do Ceará*, 210-435, 1887.

NOLL, Volker. *O português brasileiro*: formação e contrastes. Trad. Mário Viaro. São Paulo: Globo, 2008.

NUNES, José Joaquim. *Compêndio de gramática histórica portuguesa*. Lisboa: Livraria Clássica Editora, 1945 [1919].

OLIVEIRA, Bento José de. *Nova grammatica portugueza*. Compilada de nossos melhores auctores e coordenada para uso nas escholas. Coimbra: Imprensa da Universidade, 1862.

OLIVEIRA, Fernão d'. *Grammatica da lingoagem portugueza*. Lisboa: Casa de Germão Galharde, 1536.

OLIVEIRA, Klebson. *Textos escritos por africanos e afro-descendentes na Bahia do século* XIX: fontes do nosso latim vulgar? Salvador, 2003, Dissertação (Mestrado), Universidade Federal da Bahia.

OLIVEIRA, Klebson. *Negros e escrita no Brasil do séc.* XIX: *sócio-história, edição filológica de documentos e estudo linguístico*. Salvador, 2006, Tese (Doutorado), Universidade Federal da Bahia.

OLIVEIRA, Klebson. As tábuas votivas do século XVIII ao XX: mais uma fonte para a história do nosso "latim vulgar". In: Klebson Oliveira; Hirão F. Cunha e Souza; Juliana Soledade (Orgs. 2009: 132-173).

OLIVEIRA, Klebson; CUNHA E SOUZA, Hirão F.; SOLEDADE, Juliana (Orgs.). *Do português arcaico ao português brasileiro*: outras histórias. Salvador: Editora da Universidade Federal da Bahia, 2009.

OLIVEIRA, Marco Antonio de. The Neogrammarian Controversy Revisited. *International Journal of Sociology of Language*, Berlin, 89.1: 93-105, 1991.

OLIVEIRA, Marilza de (Org.). *Língua portuguesa em São Paulo*: 450 anos. São Paulo: Humanitas, 2006.

PACHECO DA SILVA JR., Manuel. *Grammatica historica da lingua portugueza*. Rio de Janeiro: Typ. A Vapor de D. M. Hazlett, 1878.

PACHECO DA SILVA JR., Manuel. O dialecto brazileiro. *Revista Brasileira*, 5: 487-95. Rio de Janeiro, 1880.

PACHECO DA SILVA JR., Manuel. *Promptuario do escriptor portuguez*. Rio de Janeiro: J. G. de Azevedo, 1887.

PACHECO DA SILVA JR., Manuel; LAMEIRA DE ANDRADE. *Grammatica da lingua portugueza para uso dos gymnasios, lyceus e escolas normaes*. Rio de Janeiro: J. G. De Azevedo, 1887.

P. S. *Syntaxe e grammatica historica da lingua portuguesa*. Porto Alegre: Selbach & Mayer, 1909.

PARANHOS DA SILVA, J. J. *O idioma do hodierno Portugal comparado com o do Brasil por um brazileiro*. Rio de Janeiro: Lourenço Winte, 1879.

PARANHOS DA SILVA, J. J. *Systema de ortografia brazileira*. Rio de Janeiro: Lourenço Winte, 1880.

PAUL, Herman. *Princípios fundamentais da história da língua*. Trad. Maria Luisa Schemann. Lisboa: Fundação Calouste Gulbenkian, 1970 [1880/1920].

PEDERNEIRAS, Raul. *Geringonça carioca*: verbêtes para um diccionario da giria. Rio de Janeiro: Officinas Gráphicas do "Jornal do Brasil", 1922.

PEREIRA, Eduardo Carlos. *Grammatica expositiva*. São Paulo: Companhia Editora Nacional, 1907.

PEREIRA, Eduardo Carlos. *Grammatica histórica*. São Paulo: Companhia Editora Nacional, 1933 [1916].

PINTO, Edith Pimentel. *O português do Brasil*: textos críticos e teóricos. v. 1: 1820-1920. Fontes para a teoria e a história. Rio de Janeiro/São Paulo: Livros Técnicos e Científicos/Edusp, 1978.

PINTO, Rolando Morel. Cem anos de gramática portuguesa no Brasil. *O Estado de S.Paulo*. Suplemento do centenário. Cem anos de língua portuguesa no Brasil – 2 (7 de fevereiro de 1976), p. 56, 1976.

PINTO, Edith Pimentel. *O português do Brasil*: textos críticos e teóricos. Fontes para teoria e a história. v. 2: 1920-1945. São Paulo/Rio de Janeiro: Editora da Universidade de São Paulo/Livros Técnicos e Científicos, 1981.

POLACHINI, Bruna Soares. *O tratamento da sintaxe em gramáticas brasileiras da segunda metade do século XIX*. São Paulo, 2013, Dissertação (Mestrado), Universidade de São Paulo.

PRETI, Dino; URBANO, Hudinilson (Orgs.). *A linguagem falada culta na cidade de São Paulo*. São Paulo: TAQ/ Fapesp, 1990 [1967].

RAMOS, Jânia. Seleção do *corpus* para o estudo da língua portuguesa na Capitania de Minas Gerais no século XVIII. In: R. V. Mattos e Silva (Org. 2001: v. II, t. 2, 423-434,), 2001a.

RAMOS, Jânia. Projeto Para a História do Português Brasileiro: breve histórico e desenvolvimentos. Palestra realizada na Universidade de Tuebingen (Alemanha), 2001b.

RAMOS, Jânia; ALCKMIN, Mônica A. (Orgs.). *Para a História do Português Brasileiro*, v. V: Estudos sobre mudança linguística e história social. Belo Horizonte: Universidade Federal de Minas Gerais, 2007.

REIS, João José. Identidade e diversidade étnicas nas irmandades no tempo da escravidão. *Tempo*, Rio de Janeiro, 2.3: 7-33, 1997.

RIBEIRO, Ilza; REBOUÇAS, Soraia. As cartas da Santa Casa de Misericórdia – 1860 a 1863. Em: M. E. L. Duarte; D. Callou (Orgs. 2002: 49-60).

RIBEIRO, João. *Grammatica portugueza (3º anno)*. Rio de Janeiro: Francisco Alves, 1889.

RIBEIRO, João. *Grammatica portugueza*: curso primário. 1894; 9. ed., Rio de Janeiro: Livraria Classica de Alves e C.; 14. ed., 1887; 57. ed., São Paulo/Rio de Janeiro: Livraria Clássica de Alves e C., 1911; 89. ed. São Paulo/ Rio de Janeiro: Livraria Clássica de Alves e C., 1926.

RIBEIRO, João. *Grammatica portugueza*. Rio de Janeiro: Livraria Francisco Alves, 22. ed., 1933 [1887].

RIBEIRO, João. *Grammatica portugueza*: curso superior. São Paulo: Typ. de Jorge Seckler, 1881; 2. ed. Rio de Janeiro: Livraria Classica Alves & Comp., 1888; 13 ed. e 14. ed.: São Paulo/Rio de Janeiro: Livraria Clássica de Alves e C., 1898, 1907; 17. ed. São Paulo/Rio de Janeiro: Livraria Clássica de Alves e C., 1914.

RIBEIRO, João. *Diccionario grammatical*. 3. ed. inteiramente refundida e muito augmentada. Rio de Janeiro/São Paulo/Belo Horizonte: Francisco Alves, 1906 [1888-1889].

RIBEIRO, João. *A língua nacional e outros estudos linguísticos*. Seleção e coord. de Hildon Rocha. Petrópolis: Vozes/ Aracaju: Governo do Estado de Sergipe, 1979 [1921].

ROBERTS, Ian; KATO, Mary Aizawa (Orgs.). *Português brasileiro*. Uma viagem diacrônica. Campinas: Editora da Universidade Estadual de Campinas, 1993; 2. ed.: São Paulo: Editora Contexto, 2018.

RODRIGUES, Aryon. Tarefas da Linguística no Brasil. *Estudos Linguísticos (Revista Brasileira de Linguística Teórica e Aplicada)*, 1.1: 4-15, 1966.

ROMAGUERA CORREA, J. *Vocabulário sul-rio-grandense*. Porto Alegre: Echenique & Irmão, 1898.

ROMAINE, Suzanne. *Socio-Historical Linguistics*: its Status and Methodology. Cambridge: Cambridge University Press, 1982.

RONCARATI, Cláudia; ABRAÇADO, Jussara (Orgs.). *Português brasileiro*: contato linguístico, heterogeneidade e história. v. 1. Rio de Janeiro: 7Letras/Faperj, 2003.

RONCARATI, Cláudia; ABRAÇADO, Jussara (Orgs.). *Português brasileiro II*: contato linguístico, heterogeneidade e história. Niterói: Editora da Universidade Federal Fluminense, 2008.

ROSSI, Nelson et al. *Atlas prévio dos falares baianos*: introdução, questionário comentado, elenco de respostas transcritas. Rio de Janeiro: Instituto Nacional do Livro, 1965.

RUBIM, Braz da Costa. *Vocabulário brasileiro para servir de complemento aos diccionários da língua portugueza*. Rio de Janeiro: Dous de Dezembro, 1853.

RUMEU, Marcia Cristina de Brito. *A implementação do "Você" no português brasileiro oitocentista e novecentista*: um estudo de painel. Rio de Janeiro, 2008, Tese (Doutorado), Universidade Federal do Rio de Janeiro.

SAID ALI, Manuel de. *Dificuldades da língua portuguesa*. 5. ed. Rio de Janeiro: Livraria Acadêmica, 1957 [1908].

SAID ALI, Manuel de. *Gramática secundária e gramática histórica da língua portuguesa*. Ed. rev. e atualizada. Brasília: Editora Universidade de Brasília, 1964 [1931].

SALLES, Miguel. Arquivos paulistanos de interesse para a história do português de São Paulo. In: R.V. Mattos e Silva (Org. 2001: v. 2, t. 2, 435-442).

SANTIAGO-ALMEIDA, Manoel Mourivaldo; COX, Maria Inês P. (Orgs.). *Vozes cuiabanas*: estudos linguísticos em Mato Grosso. Cuiabá: Cathedral Publicações, 2005.

SANTIAGO-ALMEIDA, M. M. Fontes manuscritas e impressas: reflexos da nossa base cultural e linguística. In: Marieta Prata de Lima Dias (Org. 2007: 131-140).

SANTOS, António Ribeiro dos. *Memorias para a historia das origens e progressos da lingoa portugueza* (apresentada na Real Academia das Ciências de Lisboa). Inédita [1745-1818?].

SAPIR, Edward. *A linguagem*: introdução ao estudo da fala. Trad. de J. Mattoso Câmara Jr. Rio de Janeiro: Instituto Nacional do Livro, 1954 [1921].

SARAIVA, Francisco de São Luiz. Memoria em que se pretende mostrar, que a Lingua Portugueza não he filha da Latina, nem esta foi em tempo algum a lingua vulgar dos Lusitanos. *Memorias da Academia Real das Sciencias de Lisboa*, t. XII. Parte I. Lisboa: Typografia da mesma Academia, 1-43, 1837.

SCHLAPS, Christiane. The "Genius of Language": Transformation of a Concept in the History of Linguistics. *Historiographia Linguistica*, XXXI. 2/3: 367-88, 2004.

SCHMIDT-RIESE, Roland. Periodização e português brasileiro: algumas considerações. In: M. E. L. Duarte; D. Callou (Orgs. 2002: 179-196).

SEDRINS, A. P.; CASTILHO, A. T. de; SIBALDO, M. A.; LIMA, R. B. de (Orgs.). *Por amor à Linguística*. Miscelânea de estudos linguísticos dedicados a Maria Denilda Moura. Maceió: Editora da Universidade Federal de Alagoas, 2012.

SILVA, Luiz Antônio. Projeto Nurc: histórico. *Linha d'Água*, São Paulo, 10: 83-90, 1996.

SILVA DIAS, Augusto Epiphanio. *Syntaxe historica portugueza*. Lisboa: Livraria Clássica Editora, 1954 [1881, 1918].

SILVA NETO, Serafim Pereira da. *História da língua portuguesa*. Rio de Janeiro: Livraria Acadêmica; 3. ed.: Rio de Janeiro: Presença/Ministério da Educação e Cultura, 1952-1957.

SILVA NETO, Serafim Pereira da. À guisa de prólogo. *Revista Brasileira de Filologia*, 1955.

SILVA NETO, Serafim Pereira da. *Fontes do latim vulgar*. 3. ed. rev. e melhorada. Rio de Janeiro: Livraria Acadêmica, 1956.

SILVA NETO, Serafim Pereira da. *Guia para estudos dialectológicos*, Belém, Conselho Nacional de Pesquisas/Instituto Nacional de Pesquisas da Amazônia, 1957a [1955].

SILVA NETO, Serafim Pereira da. *Manual de filologia portuguesa*. 2. ed. Rio de Janeiro: Livraria Acadêmica, 1957b.

SILVA NETO, Serafim Pereira da. *Introdução ao estudo da língua portuguesa no Brasil*. 2. ed. Rio de Janeiro: INL, 1963 [1950].

SILVA, Wellington Santos da. *Linguística Histórica no Brasil (1950-1990)*: estudo historiográfico das continuidades e descontinuidades no tratamento da variação e da mudança linguística do português brasileiro. São Paulo, Dissertação de Mestrado, Faculdade de Filosofia, Letras e Ciências Humanas da Universidade de São Paulo, 2016.

SILVEIRA BUENO, Francisco da. *A formação histórica da língua portuguesa*, 2. ed. rev. Rio de Janeiro: Livraria Acadêmica, 1955 [1954].

SILVEIRA BUENO, Francisco da. *Estudos de filologia portuguesa*. 3. ed. São Paulo: Saraiva, 1959 [1946].

SIMÕES, José da Silva. Seleção de gêneros textuais segundo aportes teóricos das tradições discursivas e da linguística de corpus: critérios para a constituição de corpora históricos do português brasileiro. In: *Anais do VI Siget – VI Simpósio Internacional de Estudos dos Gêneros Textuais*. Natal: Universidade Federal do Rio Grande do Norte, 2011.

SIMÕES, José da Silva. A importância da história dos gêneros para a constituição de corpora diacrônicos. In: Marco Antonio Martins; Maria Alice Tavares (Orgs. 2012: 55-94.).

SIMÕES, José da Silva; KEWITZ, Verena (Orgs.). *Cartas paulistas dos séculos XVIII e XIX*. Aldeamentos de índios, cartas paulistas da BNRJ, Correspondência passiva de Washington Luiz. São Paulo: Humanitas, CD-ROM, 2006a.

SIMÕES, José da Silva; KEWITZ, Verena. Traços linguístico-discursivos em *corpora* do português brasileiro. *Estudos Linguísticos XXXV* [Anais do GEL], 2006b.

SIMÕES, José da Silva; KEWITZ, Verena. A constituição de *corpora* diacrônicos do português brasileiro e seus traços linguístico-discursivos. In: Eberhard Gärtner (Org. 2009).

SOARES, Thiago Nunes; GOMES, Valéria Severina. *Identidade e memória em manuscritos e impressos pernambucanos*: língua, história e cultura através dos textos. Recife: Ed. dos Autores, 2012.

SOTERO DOS REIS, Francisco. *Grammattica portugueza accomodada aos princpios geraes da palavra seguidos de immediata applicação pratica*. Maranhão: s.n. 1866.

TARALLO, Fernando. *Relativization Strategies in Brazilian Portuguese*. Pennsylvania, 1983, Tese (Doutorado em Linguística), University of Pennsylvania.

TARALLO, Fernando. A Fênix finalmente renascida. *Boletim da Abralin*, 6: 95-103, 1984.

TARALLO, Fernando. Por uma sociolinguística românica "paramétrica": fonologia e sintaxe. *Cadernos de Linguística e Teoria Literária*, Belo Horizonte, 7.13: 51-58, 1987.

TARALLO, Fernando. *Tempos linguísticos*: itinerário histórico da língua portuguesa. São Paulo: Editora Ática, 1990.

TARALLO, Fernando Diagnosticando uma gramática brasileira: o português d'aquém e d'além mar ao final do século XIX. In: I. Roberts; M. Kato (Orgs. 1993: 69-106).

TARALLO, Fernando; KATO, Mary. Harmonia transistêmica: variação intra e interlinguística. *Preedição*, Campinas, 6: 1-41, 1989.

TEIXEIRA, José Aparecido. *O falar mineiro*. São Paulo: Separata da Revista do Arquivo Municipal, 1938.

TOLEDO NETO, Sílvio de Almeida. Subsídios para a fixação de normas de transcrição de textos para estudos linguísticos – III. Em: R. V. Mattos e Silva (Org. 2001: v. 2, t. 2, 539-549).

TOLEDO NETO, Sílvio de Almeida. Constituição de *corpus* de documentação dos séculos XVII, XVIII e XIX (PHPB-SP). In: M. E. L. Duarte; D. Callou (Orgs. 2002: 39-48).

TORRES MORAIS, Maria Aparecida C. R.; ANDRADE, Maria Lúcia C. V. O. (Orgs.). *História do português paulista*. v. 2. Série Estudos. Campinas: Fapesp/Setor de Publicações do Instituto de Estudos da Linguagem da Unicamp, 2009.

ULLMAN, Stephen. *Semântica*. Uma introdução à ciência do significado. Trad. J. A. Osório Mateus. Lisboa: Fundação Calouste Gulbenkian, 1973 [1962].

VALLE, José del (Ed.). *A Political History of Spanish*: the Making of a Language. Cambridge: Cambridge University Press, 2013.

WEINREICH, Uriel; LABOV, William; HERZOG, Marvin I. Empirical Foundations for a Theory of Language Change. In: W. P. Lehman; Y. Malkiel (Eds. 1975: 95-188).

WOOLARD, Kathryn. The Seventeenth-Century Debate over the Origins of Spanish: Links of Language Ideology to the Morisco Question. In: José del Valle (Ed. 2013).

ZÁGARI, Mario Roberto Lobuglio. *Fonologia diacrônica do Português*. Juiz de Fora: Editora da Universidade Federal de Juiz de Fora, 1988.

ZILES, A. M. S. (Org.). *Estudos de variação linguística no Brasil e no Cone Sul*. Porto Alegre: Editora da Universidade Federal do Rio Grande do Sul, 2005.

II) ARRANJO TEMÁTICO DA BIBLIOGRAFIA GERADA PELO PHPB ATÉ 2015

(Disposição dos autores por ordem cronológica. Aqueles não integrados no PHPB são indicados por um asterisco. Para mais bibliografia sobre organização do *corpus*, Fonologia Diacrônica, Sintaxe Funcionalista, Sintaxe Gerativista, história social, Semântica e Léxico histórico, consulte nesta série as referências bibliográficas dos volumes respectivos.)

TEXTOS PROGRAMÁTICOS E DE INTERPRETAÇÃO DO PORTUGUÊS BRASILEIRO

- Mattos e Silva (1988, 1999a, 2003, 2005)
- *Tarallo (1993)
- Luíze (1997)
- Ramos (2001a,b)
- Castilho (2001)
- *Schmidt-Riese (2002)
- Negri et al. (Orgs. 2004)
- Kato et al. (2006)
- *Naro J.; *Scherre (2007)
- *Noll (2008)

ATAS DOS SEMINÁRIOS NACIONAIS DO PHPB

- Castilho (Org. 1998)
- Mattos e Silva (Org. 2001)
- Alkmim (Org. 2002)
- Duarte; Callou (Orgs. 2002)
- Lobo; Ribeiro; Carneiro; Almeida (Orgs. 2006)
- Ramos; Alkmim (Orgs. 2007)
- Aguilera (Org. 2009)
- Hora; Rosa e Silva (Orgs. 2010)
- Moura; Sibaldo (Orgs. 2013)

OBRAS COLETIVAS SOBRE A DIACRONIA DO PB

- *Elizaincin; Behares; Barrios (1987)
- Kato; Tarallo (1988)
- Tarallo; Kato (1989)
- *Tarallo (1990)
- *Elizaincin (1992)
- *Roberts; Kato (Orgs. [1993] 2018)
- Mattos e Silva (Org. 1997)
- Hora (Org. 1997)
- *Grosse; Zimmermann (Eds. 1998)

- *Gartner; Hundt; Schoenberger (Eds. 2000)
- *Grosse; Zimmermann (Eds. 2000)
- Kato; Negrão (Eds. 2000)
- *Megale (Org. 2000)
- Hora; Pedrosa (Orgs. 2001)
- Mattos e Silva; Machado Filho (Orgs. 2002)
- Massini-Cagliari (Org. 2002)
- Cohen; Ramos (Orgs. 2002)
- Castilho (Org. 2003)
- Hora; Collischonn (Orgs. 2003)
- *Roncarati; *Abraçado (Orgs. 2003, 2008)
- *Dietrich; Noll (Orgs. 2004)
- Lopes (Org. 2005)
- Massini-Cagliari; *Murakawa; Berlinck; Guedes (Orgs. 2005)
- Santiago-Almeida; Cox (Orgs. 2005)
- Kato et al. (2006)
- *Cardoso; *Mota; Mattos e Silva (Orgs. 2006)
- Guedes; Berlinck; *Murakawa (Orgs. 2006)
- Oliveira (Org. 2006)
- Castilho; Torres Morais; Lopes; Cyrino (Orgs. 2007)
- *Gonçalves; Lima-Hernandes; Casseb-Galvão (Orgs. 2007)
- *Mendes (Org. 2007)
- *Roncarati; *Abraçado (Orgs. 2008)
- Castilho (Org. 2009)
- Moura (Org. 2009)
- Torres Morais; Andrade (Orgs. 2009)
- Callou; Barbosa; Carmo (Orgs. 2011)
- Lima-Hernandes; Santiago-Almeida (Orgs. 2012)
- Martins; Tavares (Orgs. 2012)
- Sedrins; Castilho; Sibaldo; Lima (Orgs. 2012)
- Moura; Sibaldo (Orgs. 2013)
- Almeida; Carneiro (Orgs. 2014)
- Basso; Gonçalves (2014)

OS AUTORES

Ataliba T. de Castilho graduou-se em Letras Clássicas pela Universidade de São Paulo (USP), em 1959. É doutor em Linguística (1966), livre-docente (1993) e professor titular (1995) em Filologia e Língua Portuguesa pela mesma universidade. Ex-professor titular da Faculdade de Filosofia de Marília (1961-1974), da Universidade Estadual de Campinas (Unicamp) (1975-1991) e da USP (1991-2007), da qual é professor emérito. Coordenador do Projeto de Estudo da Norma Urbana Culta, equipe de São Paulo, juntamente com Isaac Nicolau Salum e Dino Preti (1970-1988), Projeto de Gramática do Português Falado (1988-2002), participante do Projeto para a História do Português Brasileiro (1987-). Ex-presidente do Grupo de Estudos Linguísticos do Estado de São Paulo (1959-1960), da Associação Brasileira de Linguística (1983-1985) e da Associação de Linguística e Filologia da América Latina (1999-2005), ex-assessor linguístico do Museu de Língua Portuguesa, de São Paulo, ex-pesquisador do CNPq. Coordenador geral da série *História do Português Brasileiro*, em 12 volumes.

Ana Sartori é graduada em Letras Vernáculas pela Universidade Federal da Bahia (UFBA). Possui mestrado (2010) e doutorado (2016) em Linguística Histórica, ambos pela mesma universidade. É professora de Língua Portuguesa do Departamento de Letras Vernáculas da UFBA e membro do Programa para a História da Língua Portuguesa (PROHPOR), vinculada ao Projeto História da Cultura Escrita no Brasil (HISCULTE), dedicando-se, atualmente, a pesquisar a difusão social da escrita e da língua portuguesa no Brasil.

Carlos Alberto Faraco é professor titular (aposentado) de Língua Portuguesa da Universidade Federal do Paraná (UFPR), tendo lecionado Português no ensino médio de Curitiba. Formou-se em Letras em 1972. Fez mestrado em Linguística na Unicamp em 1978, doutorou-se em Linguística Românica na Inglaterra, em 1982. Foi reitor da UFPR de 1990 a 1994. Publicou vários livros e artigos na área. Atualmente, é o coordenador da Comissão Nacional do Brasil junto ao Instituto Internacional da Língua Portuguesa (IILP), da Comunidade dos Países de Língua Portuguesa (CPLP).

Olga Coelho graduou-se em Linguística pela USP (1994). Tem mestrado (1998) e doutorado (2003) pela mesma universidade. Publica e orienta trabalhos voltados aos processos de institucionalização da área de Letras e Linguística no Brasil, ao exame da metalinguagem na tradição gramatical ibérica e aos métodos de descrição do português no Brasil (séculos XVI a XX). É professora do Centro de Documentação em Historiografia Linguística (CEDOCH), do Departamento de Linguística da USP.

Mailson dos Santos Lopes graduou-se em Letras pela Universidade Federal da Bahia (UFBA) em 2010 e concluiu o mestrado em Língua e Cultura pela mesma universidade em 2013. É professor assistente de Língua Espanhola do Departamento de Letras Românicas da UFBA, dedicando-se a investigar a prefixação em algumas línguas ibero-românicas, sob uma perspectiva histórico-diacrônica. É coordenador do projeto Opera Omnia, de Rosa Virgínia Mattos e Silva, no âmbito do Programa para a História da Língua Portuguesa (PROHPOR).

Tânia Lobo possui graduação em Letras pela Universidade Federal da Bahia em 1986, mestrado em Linguística Portuguesa Histórica pela Universidade de Lisboa em 1993, e doutorado em Filologia e Língua Portuguesa pela Universidade de São Paulo em 2001. É professora-associada de Língua Portuguesa do Departamento de Letras Vernáculas da UFBA e também atua no Programa de Pós-Graduação em Língua e Cultura da mesma universidade, dedicando-se, principalmente, a investigar a história social do português brasileiro e a história social da cultura escrita no Brasil. É coordenadora do Programa para a História da Língua Portuguesa (PROHPOR); é também coordenadora da equipe baiana do Programa para a História do Português Brasileiro (PHPB).

Wellington Santos da Silva graduou-se, em 2013, na USP. É mestre em Linguística (2016) pela universidade. Desde 2016, realiza pesquisa de doutorado na mesma instituição. Suas pesquisas dirigem-se à investigação das dinâmicas da Linguística Histórica brasileira, no campo da Historiografia Linguística, e ao estudo do contato do português com as línguas indígenas e africanas no Brasil colonial, no campo da Linguística Histórica.

OS INGLESES
Peter Burke
Maria Lúcia Garcia Pallares-Burke

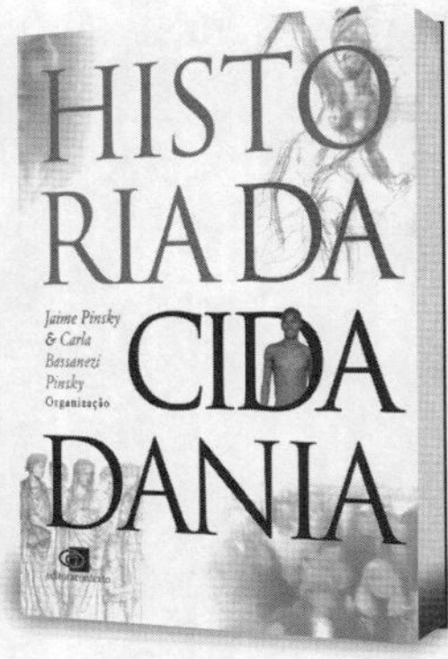
HISTÓ
RIA DA
CIDA
DANIA
Jaime Pinsky
& Carla
Bassanezi
Pinsky
Organização

NOVA
História
das Mulheres
no Brasil

Ataliba T. de Castilho
NOVA
Gramática do
Português
Brasileiro

HISTÓRIA DA
VIRGINDADE
Yvonne Knibiehler

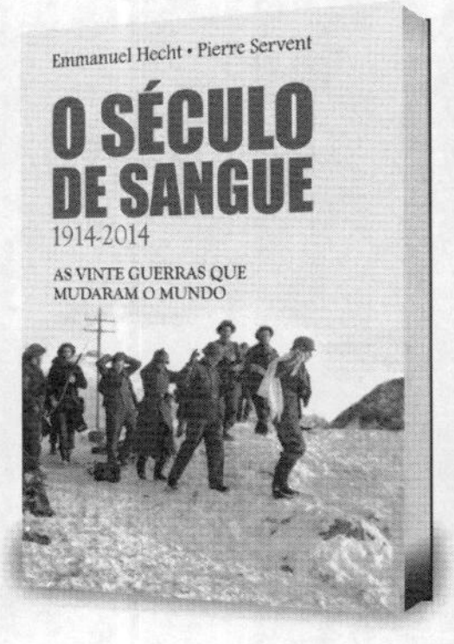
Emmanuel Hecht • Pierre Servent
O SÉCULO
DE SANGUE
1914-2014
AS VINTE GUERRAS QUE
MUDARAM O MUNDO

GRÁFICA PAYM
Tel. [11] 4392-3344
paym@graficapaym.com.br